Klaus-Peter Hufer

Argumente am Stammtisch

Erfolgreich gegen Parolen, Palaver und Populismus

D1917859

Klaus-Peter Hufer

Argumente am Stammtisch

Erfolgreich gegen Parolen, Palaver und Populismus

WOCHEN
SCHAU
VERLAG

Bibliografische Information der Deutschen Bibliothek

Die Deutsche Bibliothek verzeichnet diese Publikation in der Deutschen Nationalbibliografie; detaillierte bibliografische Daten sind im Internet über http://dnb.ddb.de abrufbar.

© by WOCHENSCHAU Verlag
Schwalbach/Ts. 2006

www.wochenschau-verlag.de

Alle Rechte vorbehalten. Kein Teil dieses Buches darf in irgendeiner Form (Druck, Fotokopie oder einem anderen Verfahren) ohne schriftliche Genehmigung des Verlages reproduziert oder unter Verwendung elektronischer Systeme verarbeitet werden.

Titelgestaltung: Ohl Design
Gesamtherstellung: Wochenschau Verlag
Titelbild: dpa

Gedruckt auf chlorfreiem Papier
ISBN 3-89974245-1

Inhalt

Vorwort

Den Stammtischen gilt schon lange mein Interesse – nicht nur der Geselligkeit und des Bieres wegen. Ich möchte wissen, was da warum gesagt wird. Denn ich bin der Meinung, dass sich an diesen „Tischen" – die nicht nur in Wirtshäusern stehen müssen – die alltägliche Befindlichkeit der Menschen erkennen lässt. Dort lassen sie Dampf ab, schaffen sich ein Forum, suchen Gesinnungsgenossen und entwickeln starke Phantasien. Das kann mitunter ganz lustig sein – ist es aber nicht immer. Denn mit den Parolen an den Stammtischen äußern sich auch Vorurteile, Ressentiments, Aggressionen und stramme Ansichten. Ich weiß, dass das viele ärgert. Sie wollen das nicht unwidersprochen stehen lassen, sondern etwas entgegensetzen. Aber oft stehen sie überrumpelt und hilflos den Tiraden gegenüber.

So ist vor Jahren mein erstes Buch zu diesem Thema entstanden, ein „Argumentationstraining gegen Stammtischparolen"[1]. Zu meiner Überraschung war es ein großer Erfolg und Grundlage für eine weitreichende Vortrags- und Seminararbeit in ganz Deutschland und später auch Österreich. Ich redete mit Hörern in Volkshochschulen und Familienbildungsstätten, Gewerkschaftlern, Polizisten, Soldaten, Mitgliedern von Dritte-Welt-Gruppen, Betriebsräten, Pfarrern, Kirchengemeinden, Lehrern, Schülern, Studenten, Schwulen und Lesben, Ortsvereinen von Parteien, Journalisten, Hausfrauen und Betreuern von Strafgefangenen ... Immer ging es um die Stammtischparolen.

Die für mich erfreuliche Erkenntnis aus diesen Begegnungen ist, dass es in der Bundesrepublik sehr viele Menschen gibt, die nicht schweigend dabei sitzen, sondern Partei ergreifen wollen für die Menschenrechte, für eine demokratische

Kultur und gegen Verunglimpfung, Diskriminierung und Gewalt. Die Stammtischparolen sind ein Signal für derartige Fehlentwicklungen. Wer beizeiten darauf reagiert, der muss vielleicht später nicht bestürzt feststellen, dass es zu spät sein könnte.

Die Botschaft kam auch bei der „anderen Seite" an. Eine Zeit lang reiste eine Gruppe von Rechtsextremisten mit und versuchte, die Veranstaltungen zu stören. Sie hatten erkannt, dass ihre vermeintliche „Lufthoheit" gefährdet werden könnte.

Auch die Medien widmeten dem „Argumentationstraining gegen Stammtischparolen" eine große Beachtung (was für Veröffentlichungen zur politischen Bildung nicht immer selbstverständlich ist). An einigen Orten wurde es zum Modellprojekt gegen Rechtsextremismus – wohl deswegen, weil es von jedem und jeder im eigenen Alltag eingesetzt werden kann.

Dieses erste Buch zu dem Thema war zu einem großen Teil didaktisch orientiert: Es sollte Trainern und Trainerinnen, aber auch Selbstlernern eine Hilfe sein, sich in Gruppen oder alleine mit dem Thema auseinander zu setzen und gegen die Parolen zu wappnen.

Nach fünf Jahren lege ich nun ein Folgebuch vor. Es basiert auf meinen Begegnungen und Erfahrungen und berücksichtigt meine hinzugewonnenen Erkenntnisse. Es ist jetzt nicht mehr „didaktisiert" (das heißt als Anleitung für die Seminararbeit verfasst), sondern soll ein – hoffentlich eingängig zu lesendes – Sachbuch sein, das möglichst viele ermuntert, aufmerksam im Alltag zu sein, auf Zwischentöne und martialische Sprüche zu achten, vor ihnen nicht in Deckung zu gehen, sondern selbstbewusst zu widersprechen. Dass dieses möglich ist, soll das Buch zeigen.

Mit meinen Kolleginnen und Kollegen aus Nordrhein-Westfalen Monika Engel, Regina Hunke, Manfred Nousch und Doris Sandbrink und vielen anderen konnte ich zahlreiche Gespräche über ihre Erfahrungen mit den Argumentationstrainings führen. Das hat mir viele Anstöße gegeben. Marion Wisinger hat das Training und damit auch mich nach Österreich gebracht. So konnte ich mit den Seminaren auch jenseits der Alpen „hackeln" (arbeiten). Sie hat dort selbst eine Reihe von Trainings durchgeführt, Teile ihrer umfassenden Kenntnisse sind hier mit eingeflossen. Ulla Buch und Bernward Debus haben als gute Freunde und engagierte Verleger die Produktion dieses Buches unterstützt; ohne ihre Ermunterungen wäre es nicht zustande gekommen.

Der Grund dafür, dass ich dieses Buch in guten Zeiten schreiben konnte, heißt Monika Keil – dafür danke ich ihr sehr.

Ich widme das Buch der denkbar besten Tochter, Anke. Sie hat schon als Kind meine Beschäftigung mit den Stammtischparolen aufmerksam verfolgt. Jetzt als Jugendliche weist sie mich darauf hin, wann und wo ich selbst statt Argumenten Parolen benutze.

Anmerkung

1 Klaus-Peter Hufer: Argumentationstraining gegen Stammtischparolen. Materialien und Anleitungen für Bildungsarbeit und Selbstlernen, Schwalbach/Ts. 2000 (7. Aufl. 2005)

1. Szenen aus dem Alltag

Eigentlich verläuft die Plauderei mit dem Nachbarn wie immer friedlich: der Garten, die Renovierungsarbeiten am Haus, die Kinder ... Doch dann kommt überraschend der heftig vorgetragene Hinweis, dass die Renten nicht mehr sicher seien, und dass Politiker sowieso nur in die eigenen Taschen wirtschaften würden. Überhaupt sei Politik ein schmutziges Geschäft.

An der Ladentheke: Die Schlange der Wartenden wird etwas länger, weil eine dunkelhäutige junge Frau umständlich nach ihrem Einkaufsschein kramt. Sie hat ihn endlich gefunden, die Kassiererin prüft und zeichnet gegen. Am hinteren Ende der Schlange macht sich Unmut breit: „Typisch, Asylbewerber – und dann alles auf unsere Kosten!“ Es gibt Zustimmung.

Zur Geburtstagsfeier von Tante Hedwig hat sich wieder die gesamte Familie versammelt. Unter Vermeidung von Konfliktthemen geht der Abend seinem Ende entgegen. Erleichterung macht sich breit. Aber dann kommt Onkel Heriberts befürchtete Einlassung doch noch: „Ich bin kein Nazi, aber unter Hitler gab es nicht so viele Arbeitslose.“

Im Fußballstadion: Der Stürmer aus Nigeria wird vom Verteidiger der heimischen Mannschaft gefoult. Hohngelächter unter den Fans und Rufe: „Bimbo, Bimbo.“

Und am Stammtisch findet die Runde nach vorgerückter Stunde eine breite Übereinstimmung in der Behauptung, dass wir viel zu laue Strafgesetze hätten und es in den Gefängnissen eindeutig zu human zugehen würde.

Szenen dieser Art kennt jeder. Sie kommen aus der Tiefe und Mitte des Alltags, oft überraschend, sie überrumpeln uns. Bei vielen unfreiwilligen Zuhörern und Zuhörerinnen macht sich Ratlosigkeit breit. Sprachhemmungen treten

Tom

auch bei ansonsten redegewandten Menschen auf, Blockaden sind da, Verunsicherung, mitunter sogar Angst. Hinterher kommt das schale Gefühl, versagt zu haben. Jetzt fallen uns auch prompt die besten Antworten ein – aber zu spät, die Situation ist vorbei.

Wohl dem Zeitgenossen, der in der Straßenbahn Zeuge eines Gesprächs zwischen zwei Frauen wird, die lauthals ausländerfeindliche Parolen von sich geben. Auch er ist zunächst irritiert, sucht krampfhaft nach einer zündenden Erwiderung. Doch dann, als die Bahn hält und er aussteigen muss, fällt ihm etwas ein. Er spricht die Frauen an: „Sie haben einen Preis gewonnen.“ Die beiden fragen erstaunt: „Warum denn?“ Seine Antwort: „Sie haben den Preis dafür gewonnen, dass man zwischen zwei Haltestellen derart viel Blödsinn erzählen kann.“ Befreiender Applaus von den übrigen, ansonsten schweigenden Mitreisenden. Und zu beneiden ist der schlagfertige Mensch, der beim lauten Lamento seines Kollegen, dass uns die Ausländer die Arbeitsplätze wegnähmen, erwiderte: „Ich wusste gar nicht, dass du früher eine Döner-Bude hattest.“

Aber nicht jedem fällt immer etwas ein und nur die wenigsten haben auch gleich eine witzige und treffende Antwort bereit. Doch lernen kann man den Umgang mit solchen Sprüchen und Parolen schon. Man kann auch begreifen, was hinter ihnen steckt, welche Bedürfnisse mit diesen Äußerungen zum Ausdruck kommen und auf welchem Menschenbild und Verständnis von Politik sie beruhen. Das ist wichtig, denn immer noch gilt *Kurt Tucholskys* Feststellung: „Die tiefe Unkenntnis von der Psychologie des provinziellen Stammtisches ist ganz erstaunlich.“[1]

Anmerkung

1 Kurt Tucholsky: Die zufällige Republik (1922), in: Kurt Tucholsky: Gesammelte Werke in 10 Bänden, Bd. 3, hrsg. von Mary Gerold-Tucholsky u. Fritz Raddatz, Reinbek b. Hamburg 1975, S. 220

2. Worum geht es bei den Stammtischparolen?

2.1 Wie Stammtischparolen beschrieben werden

Es sind Stammtischparolen, die als Sprüche und Gesinnungen wie die eingangs skizzierten geäußert werden. Das ist der passende, landauf, landab, im gesamten deutschen Sprachbereich bekannte Begriff.

Wenn ich die Teilnehmer und Teilnehmerinnen meiner „Argumentationstrainings gegen Stammtischparolen“ bitte, spontan und assoziativ Stammtischparolen zu charakterisieren, dann kommen in der Regel die folgenden Kennzeichen:

> aggressiv, dogmatisch, verkürzt, pauschal, herabsetzend, diskriminierend, voller Vorurteile, selbstgerecht, Halbwahrheiten, Schwarz-Weiß-Malereien, ausgrenzend, kompromisslos, verallgemeinernd, rigoros, diffamierend, generalisierend, herabsetzend, negierend, emotional, menschenverachtend, „Wir-Gefühl“ erzeugend, einfach strukturiert, mit einem Schein-Wissen versehen ...

Stammtischparolen sind demzufolge drastische Behauptungen, die kein Wenn und Aber zulassen. Sie polarisieren in „wir sind gut“ und „die anderen sind schlecht“. Sie richten sich mit harten Urteilen gegen Menschen anderer Herkunft, Hautfarbe, Lebensart, Religion oder sozialer Situation. Diese werden verächtlich dargestellt und am liebsten würde man ihnen die Rechte wegnehmen, welche die Verkünder und Verkünderinnen solcher Parolen für sich selbst beanspruchen. Wer Stammtischparolen von sich gibt, ist davon überzeugt, eine verbreitete Mehrheitsmeinung bzw. ein „gesundes Volksempfinden" auszudrücken. Widersprüche werden mit Hohn quittiert – diejenigen, die sie einlegen, werden abgekanzelt.

Der Begriff „Stammtischparole" ist eindeutig belegt, das zeigen die Erfahrungen aus der Begegnung mit ca. hundert Gruppen in der Bundesrepublik und in Österreich aus allen erdenklichen sozialen Schichten, kulturellen Milieus und Berufen. Unabhängig von der Region, dem beruflichen, sozialen und kulturellen Hintergrund der Gruppen habe ich immer im Spektrum der oben genannten Beschreibungen übereinstimmende Definitionen gefunden.

Aber es soll auch kein Missverständnis aufkommen: Nicht jeder Stammtischbesucher verkündet Stammtischparolen. Auch sind sie keineswegs eine Domäne der Männer. Die eingangs skizzierten Beispiele sollen zeigen, dass die Stammtischparole nicht an den Ort Stammtisch im Wirtshaus oder der Kneipe gebunden ist. Und es soll hier auch die Stammtischparole nicht umgedreht und dadurch eine neue verkündet werden, indem das Klischee des „Stammtisches", nämlich ein Hort finstersten und reaktionärsten Flach- und Stumpfsinns zu sein, zur allgemein gültigen Realität erklärt wird.[1] Es gab (und gibt) sehr bedeutende Stammtische: Waren nicht Platons „Gastmahl", das letzte Abendmahl oder König Artus′ Tafelrunde auch eine Art Stammtische?[2]

Die Stammtischparole ist eine Metapher, eine Chiffre, ein Stellvertreterbegriff für eindeutige weltanschauliche, vorzugsweise politische Botschaften, für platte Sprüche und für aggressive Rechthabereien. Stammtischparolen sind plakativ und propagieren einfache – meistens auch harte – Lösungen. Stammtischparolen sind markant und bekannt. Und trotz der Schlichtheit ihres Gehalts ist es nicht einfach, sie spontan zu widerlegen. Die Stammtischparolen drücken auch immer eine Doppeldeutigkeit aus. Sie sind Mutmacher und Wutmacher. Diese Beschreibung einer Seminarteilnehmerin in Dresden bringt den Zwiespalt auf den Punkt, der sich bei der Einschätzung von Stammtischparolen einstellt. Sie werden geäußert, um sich Mut zu machen, aber gleichzeitig enthalten sie viel Wut. Und bei denjenigen, die mit ihnen unfreiwillig und wider Willen konfrontiert werden, lösen sie ebenfalls Wut aus ... und mobilisieren hoffentlich auch den Mut, ihnen etwas entgegen zu setzen.

Dieses Engagement soll mit diesem Buch gefördert werden; Stammtischparolen sind nämlich mit Misstrauen zu beobachten, denn mit ihnen kommt eine Gesinnung zum Ausdruck, die vorurteilsbeladen, emotionalisiert und aggressiv andere Menschen negativ bewertet, ausgrenzt und schmäht. Das ist mit den Ansprüchen einer liberalen Demokratie und einer solidarischen Bürger- bzw. Zivilgesellschaft nicht zu vereinbaren. Mehr noch: Mit den Parolen kommt nicht nur persönlicher Frust der Verkünder heraus, sondern deren Gesinnung kann auch politisch genutzt und hochgeputscht werden. Rechtsextremistische Parteien wie die NPD und DVU leben von diesen Ressentiments.

Tomicek

Stammtischparolen kennt man nicht nur in Deutschland, auch in anderen Ländern gibt es vergleichbare und entsprechende Begriffe: In den Niederlanden beispielsweise ist das Wort „Borreipraat“ (Schnapsgerede) geläufig. Und in einigen lateinamerikanischen Ländern weiß man, was unter „Kantinengesprächen“ zu verstehen ist: „Dichos de cantina“ sind Sprüche von Männern in mexikanischen Bars, in die sich beispielsweise kein Homosexueller hineintrauen würde.

2.2 Streit um die Stammtischparolen

Hört man die öffentliche politische Debatte in der Bundesrepublik, dann fällt auf, dass die Meinungen geteilt sind. Die einen haben für die Stammtischparolen Verständnis, weil in ihnen die Meinung „des Volkes“ zum Ausdruck kommt: „Der Zeitgeist weht in unserer bundesdeutschen Demokratie mit unverhohlener Verachtung an Stammtischen vorbei und registriert mit Widerwillen, was dort meist frank und frei gesprochen wird. Und wehe dem Politiker, der wagt, mit halbem Ohr auch nur hinzuhören! Welche Torheit. Unser ganzes Volk sitzt mehr oder weniger an Stammtischen; von der Kneipe bis zum Nobelrestaurant, vom Rentnertreff bis zum Edelstammtisch der Rotarier wird in gemütlichen oder feinen Runden über das geredet, was bewegt. Wer hochmütig abtut, was Bürger mit Freunden in geselliger Runde bei einem Glas Bier oder Wein sich vom Herzen reden, verkennt das Wesen unserer Demokratie.“[3] Wer das so sieht, der kann sich immerhin auf berufen. Denn dieser hatte 1530 im „Sendbrief vom Dolmetschen“ ausgeführt, man müsse „dem Volk aufs Maul schauen“.

Die anderen hingegen sehen in den Stammtischparolen eine Gefahr für die demokratische Kultur. Ein Beispiel: „Ich appelliere daran, aus dieser Frage (der Zuwanderung) keine vordergründig Stammtischdebatte werden zu lassen.“[4] Möglicherweise steckt hinter einer solchen Warnung die

Übereinstimmung mit der Einschätzung *Kurt Tucholskys:* „Der Stammtisch ist sonst das Blutrünstigste, was es gibt."[5]

Bei genauer Hinsicht wird man feststellen, dass sich eine polarisierte Auseinandersetzung um die Bewertung von Stammtischparolen vollzieht. Ein paar Beispiele:

- „Das eigentliche Problem spielt sich an den Stammtischen ab." (Matthias Platzeck als Oberbürgermeister von Potsdam[6])
- „Wer Stammtische diffamiert, diffamiert die Bevölkerung." (Edmund Stoiber, bayerischer Ministerpräsident [7])
- „Wir müssen vor allem schauen, dass an den Stammtischen nicht heimliche Sympathie für die NPD aufkommt." (Fritz Kuhn, Bundesvorsitzender Bündnis 90/Die Grünen[8])
- „Wir müssen auch auf Familien und Stammtische hören." (Rita Süssmuth, CDU-Politikerin[9])
- „Der Stammtisch ist ein größeres Problem als die Brandsatzwerfer." (Michael Fürst, Vorsitzender der jüdischen Gemeinden Niedersachsens[10])
- „Straßen und Stammtische dürfen nicht dem braunen Pöbel überlassen werden." (Paul Spiegel, Präsident des Zentralrats der Juden in Deutschland[11])
- „Wir müssen nicht alles nachreden, was an den Stammtischen gesprochen wird. Aber wir müssen an den Stammtischen verstanden werden." (Laurenz Meyer, ehemaliger Generalsekretär der CDU[12])
- „Die NPD ist auch an den Stammtischen präsent." (Udo Voigt, NPD-Vorsitzender[13])
- „Die SPD hat das Problem, dass sie bei den Wahlen Stimmen an rechtsradikale Parteien verloren hat. Sie übt im Kampf um die Lufthoheit über den Stammtischen bisweilen eine Zurückhaltung, die für die Bundesrepublik mittelfristig schädlich sein wird." (Renate Künast, Bundesvorsitzende Bündnis 90/Die Grünen[14])

Diese gegensätzliche Sicht folgt einem Schema: Die einen sehen in den Stammtischparolen eher einen Hinweis auf vorhandene und vertretene Meinungen, die aufmerksam betrachtet und ernst genommen werden sollten. Die Bewertungen auf der anderen Seite fallen dagegen kritisch aus: Ihnen zufolge sind die Parolen problematisch, weil sie nicht mit einer aufgeklärten Demokratie und einer liberalen Kultur zu vereinbaren sind. Und für die von den Parolen Betroffenen stellen sie eine Bedrohung dar.

Diese Polarisierung erklärt auch, warum mitunter sehr heftig reagiert wird, wenn es um die kritische Bewertung von Stammtischparolen geht. Als Beleg zwei Leserbriefe, die als Reaktionen kamen, als in den betreffenden Orten ein „Argumentationstraining gegen Stammtischparolen" angekündigt wurde.

Liberale Tradition

Mit einiger Verwunderung haben wir im Gerauer Echo vom 14. Oktober gelesen, dass eine nach unserem bisherigen Verständnis neutrale Institution wie die Kreisvolkshochschule nun einen „Qualifikationskurs" zum Erwerb der „Fitness" gegen Stammtischparolen anbietet.

Man nehme zur Kenntnis, dass wir, ein Stammtisch nicht ganz unbekannter Gerauer Bürger, weder Stammtischparolen noch politische Losungen gleich welcher Art unseren Mitbürgern zumuten.

Jeder von uns hat seine eigene Meinung, liebt den Austausch des freien Wortes und in keinem Fall hat ein Stammtisch eine einheitliche Meinung, die er seinen Mitbürgern aufzwingen will. Was für unseren Stammtisch gilt, hat Geltung auch für alle anderen Stammtische unserer Stadt.

Es ist mehr als bedauerlich, dass die Volkshochschule offensichtlich keine Ahnung von der freiheitlichen Tradition der Stammtische hat. (...)

Da wir keinen Grund haben uns zu verstecken: Wir sind die Mitglieder des Stammtisches Gerichtslinde/Adler und gedenken, auch weiter in Zukunft die Freude am freien Austausch unterschiedlichster Meinungen zu pflegen.

Joachim Falk, Groß-Gerau[15]

Wenige Tage später erhielten die pikierten Stammtischbrüder politische Unterstützung:

> Das Kursangebot „Argumentationstraining gegen Stammtischparolen" der Volkshochschule (VHS) Groß-Gerau hat jetzt auch den Kreistagsausschuss für Schule und Bildung beschäftigt. Die CDU-Abgeordnete Angela Schulz äußerte die Ansicht, dass dies nicht zu den originären Aufgabengebieten der VHS gehöre.[16]

Und ein weiteres Beispiel, welche kritischen Abwehrreaktionen eine Auseinandersetzung mit Stammtischparolen hervorrufen kann:

> **George Orwell lässt grüßen**
>
> *Zu „Argumente gegen Stammtischparolen" vom 17. Februar:*
> Welch ein Unsinn, wer will denn da dem Volk aufs Maul schauen? Grüne oder linke Intellektuelle und Pseudo-Schönschwätzer, die dafür auch noch geschult werden müssen und die dann entscheiden, was opportun ist? Wo leben wir denn? Am richtigen Stammtisch herrscht Rede und Gegenrede – Auge in Auge! Wenn einer mal seinen Frust loswerden will (muss), bitte, soll er doch. Morgen früh geht er wieder zur Arbeit und küsst seine Frau. Hier lässt Orwell grüßen!
>
> *Jürgen Schulz, Bad Camberg*[17]

Fühlt sich, wer so heftig eine Auseinandersetzung mit den Stammtischparolen attackiert, auf den Schlips getreten? Um es noch einmal zu betonen: Selbstverständlich kann niemand allen Ernstes an dem Wert von geselligen Runden zweifeln, auch wenn sie sich zum Bier an einem Stammtisch zusammenfinden.

Ganz anders sind die folgenden Meinungen: „Ich wünsche mir, dass sich die Leute am Stammtisch immer wieder empören, wenn die Würde des Menschen mit Füßen getreten wird."[18] Und: „‚Wehrhafte Demokratie' bedeutet (...), sich mit argumentativer Überzeugungskraft gegen die Feinde der offenen Gesellschaft zur Wehr zu setzen wissen."[19]

Hans-Georg Rauch

2.3 Die Sprüche unter der Lupe

In meinen Seminaren frage ich in einem Brainstorming (das ist ein „Gedankensturm“, bei dem assoziative und spontane Äußerungen erbeten werden) zu Beginn immer nach Parolen, die den Teilnehmerinnen und Teilnehmern spontan einfallen. Dabei kommt eine beachtliche Palette an Sprüchen zusammen:

Verklärung der Geschichte
- Früher war alles besser.
- Früher hätte es so etwas nicht gegeben.

Politik(er)verdrossenheit
- Die da oben machen doch, was sie wollen.
- Politiker reden sowieso nur dummes Zeug.
- Politiker verdienen sich nur durch Dummquatschen Geld.
- Politiker sind faul und korrupt.

Demokratieverdruss
- Ein bisschen Diktatur schadet nichts.
- Wir brauchen wieder einen starken Mann.

„Recht und Ordnung“
- Eine Ohrfeige hat noch keinem geschadet.

- Wir haben viel zu laue Strafgesetze.
- Triebtäter gehören lebenslänglich weggeschlossen.
- Wir brauchen wieder die Todesstrafe.

Soziale Härte

- Arbeitslose sind selbst schuld.
- Wer Arbeit will, findet auch welche.
- Die meisten Arbeitslosen sind zu faul, um Arbeit zu suchen.
- Arbeitslose ruhen sich in der sozialen Hängematte aus.
- Sozialhilfeempfänger sind Schmarotzer.
- Sozialhilfe kassieren und Mercedes fahren.
- Die Bettler verschandeln das Stadtbild.
- Wer bei uns fleißig/tüchtig ist, der bringt es auch zu etwas.

Bierdeckel der Caritas

Relativierung des Nationalsozialismus

- Wir brauchen wieder einen kleinen Hitler.
- Wenn Hitler den Krieg nicht begonnen hätte, wäre der Nationalsozialismus gar nicht so schlimm gewesen.
- Wenn Adolf das mit den Juden nicht gemacht hätte, wäre der Nationalsozialismus nicht so schlimm gewesen.
- Die meisten Deutschen wussten nichts von der Vernichtung der Juden.
- Im Nationalsozialismus konnte man wenigstens ohne Angst auf die Straßen gehen.
- Im Nationalsozialismus hatten alle Arbeit.
- In Auschwitz wurde niemand vergast.

„Schlussstrichmentalität“

- Irgendwann muss Schluss sein mit unserer „Geschichte“.
- Die Deutschen gehen immer in Sack und Asche.
- Wir müssen aufhören, uns schuldig zu fühlen.
- Deutsche Soldaten sind immer anständig gewesen.

Ost-West-Differenz

- Ossis sind wehleidig.
- Ossis sind undankbar.
- Wessis zocken ab.

Nationalismus

- Wir sind die Zahlmeister Europas.
- Durch die EU werden wir noch mehr überfremdet.
- Wir können die Probleme der Welt nicht hier in Deutschland lösen.

Nationale Vorurteile

- Polen klauen.
- Heute gestohlen, morgen schon in Polen.

Ausländerfeindlichkeit

- Wir haben viel zu viele Ausländer hier.
- Wir sind nicht mehr Herr im eigenen Land.
- Ausländer nehmen uns die Arbeitsplätze weg.

T. Plaßmann

- Ausländer sind kriminell.
- Ausländer überfremden uns/wollen sich nicht integrieren lassen.
- Ausländer kommen rein und zehn Kinder hinterher.
- Ausländer sollen sich gefälligst anpassen.
- Ausländer zerstören die deutsche Kultur.

Fremdenfeindlichkeit
- Wir sind Fremde im eigenen Land.
- Bald werden wir hier vom Islam regiert.
- Im Islam werden Frauen unterdrückt.
- Alle Muslime sind potentielle Terroristen.
- Türken stinken nach Knoblauch.
- Die Türken wollen sich nicht integrieren lassen.

Wagenburgmentalität
- Das Boot ist voll.
- Die weitaus meisten Asylanten kommen nur aus wirtschaftlichen Gründen zu uns.
- Ihre Armut haben die Entwicklungsländer selbst verschuldet.
- Die Menschen in den Entwicklungsländern sind nur zu faul, um das zu leisten, was wir geschafft haben.
- Die kommen hier nur her, weil sie zu Hause nichts werden.

Rassismus
- Neger sind Dealer.
- Neger sind gut im Bett.
- Der Neger kommt her, ruft Asyl, und schon stellen wir ihm den Mercedes vor die Tür.

Sexismus
- Emanzipierte Frauen sind in sexueller Hinsicht zu kurz gekommen.
- Frauen werden nur lesbisch, weil sie keinen Mann bekommen haben.

T. Plaßmann

- Frauen gehören an den Herd.
- Wer vergewaltigt wird, ist selber schuld.
- Frauen, die nachts alleine durch den Park laufen, wollen nichts anderes.
- Frauen können nicht Auto fahren, oder Frau am Steuer: Ungeheuer, oder Frau am Steuer: Blut am Gemäuer.
- Männer wollen immer nur das Eine.
- Männer sind Schweine.
- Männer können kein BSE kriegen, denn sie sind ja Schweine.
- In jedem Mann steckt ein potentieller Vergewaltiger.

Diskriminierung von Andersgeschlechtlichkeit
- Homosexualität ist widernatürlich.
- Schwule sind pervers.
- Schwule sind Weicheier.

Antisemitismus
- Die Juden machen das große Geld.
- Die Juden beherrschen wieder das Kapital.

Kulturpessimismus

- Die Schüler werden immer dümmer.
- Lehrer sind faul.

Negatives Menschenbild

- Der Mensch ist von Natur aus schlecht.

Die hier versammelten Parolen zeigen, worum es geht: um ein autoritäres Politikverständnis, um Verharmlosung, mitunter auch Verklärung des Nationalsozialismus. Deutlich wird die Ablehnung, sich mit der belasteten deutschen Geschichte auseinander zu setzen; gesellschaftliche Minderheiten werden mit pauschalen Verunglimpfungen belegt. Die Tiraden richten sich gegen Ausländerpolitik, Asylpolitik, Eine-Welt-Politik, Sozialpolitik.

Der eindeutige Spitzenreiter bei diesen Parolen ist „Die Ausländer nehmen uns die Arbeitsplätze weg“. Dieser Stammtischspruch taucht in allen Brainstormings auf. Damit wird das zentrale Konfliktthema der Bundesrepublik deutlich: Es ist die Ausländerpolitik. Mit dieser Parole kommt sicherlich Angst, aber auch Fremdenfeindlichkeit zum Ausdruck.

Mester

Anmerkungen

1 Zur Ehrenrettung des Stammtischs sei auf die folgende wunderbare Schrift verwiesen: Das Vielleicht-Bierbuch, hrsg. vom Stammtisch „Unser Huhn", Frankfurt/M. 1997
2 Ebd., S. 53
3 Erika Steinbach, CDU-Politikerin aus Frankfurt/M., in: focus 38/97
4 Gerhard Schröder nach Radio- und TV-Meldungen am 4.7.2001
5 Kurt Tucholsky: In der Provinz (1920), in: Kurt Tucholsky: Gesammelte Werke in 10 Bänden, Bd. 2, a.a.O., S. 327
6 Nach: heute-Magazin, ZDF, 2.8.2000
7 Nach: Panorama, ARD, 3.8.2000
8 Nach: Bericht aus Berlin, ARD, 4.8.2000
9 Nach: Das Vielleicht-Bierbuch, a.a.O., S. 47
10 Nach: Tagesschau, ARD, 7.10.2000
11 Nach: Zeitungsmeldungen vom 10.11.2000
12 auf dem CDU-Parteitag, nach: Tagesschau, ARD, 20.11.200
13 Nach: WDR, 24.1.2002
14 „Manchmal gibt es nichts anderes als das Strafgesetzbuch", in: Frankfurter Rundschau, 28.7.2002, S. 4
15 Groß-Gerauer Echo, 31.10.2003, S. 9
16 Groß-Gerauer Echo, 5.11.2003
17 Nassauische Neue Presse, 17.2.2005, S. 15
18 Wolfram Hülsmann: „Kein Anlaß zur Entwarnung", in: Frankfurter Rundschau, 28.7.1999, S. 4
19 Ein Heil für die Demokratie, in: Süddeutsche Zeitung Magazin, 22.4.2005, S. 11

3. Was tun?

3.1 Kaputte Gespräche

Wer mit einer Stammtischparole konfrontiert wird, der gerät sofort in die Defensive. Denn die Sprüche sind plötzlich und unerwartet da, selten ist man auf sie vorbereitet. Sie kommen aus der Mitte der Gesellschaft: am Arbeitsplatz, in der Straßenbahn, bei der Familienfeier, im Gespräch mit dem Nachbarn, im Taxi, beim Friseur, an der Ladentheke und selbstverständlich auch in der Kneipe. Es macht sich das fatale Gefühl breit, dass man auf die aggressiv daher kommenden Äußerungen zwar viele und gute Gegenargumente hätte, aber dann müsste man weit ausholen, Pro und Contra abwägen, eine differenzierte Sicht nahe bringen, Fakten heran ziehen. Doch will der Parolenverkünder dieses überhaupt hören? Offensichtlich hat er/hat sie kein Interesse an einer wirklichen Diskussion. Die Verfechter von Stammtischparolen wollen proklamieren und provozieren, agieren und aggressiv sein. Sie sind schnell mit ihrer Meinung und können in Windeseile eine ganze Serie von ihren Sprüchen loswerden. Immer wieder wird geäußert, dass man sich nach der Auseinandersetzung mit den Parolen und ihren Vertretern zerknirscht und zerschlagen fühlt.

Kein Wunder, denn die Ebenen sind völlig unterschiedlich: hier die Parolenverkünder mit einfachen Antworten, dort die Parolengegner mit vielschichtigen Erklärungen, hier die Emotion, dort der Verstand, hier die Gewissheit, dort der Zweifel. „Weil die Welt komplexer ist als der Stammtisch suggeriert, fehlt es häufig an schnellen Argumenten. Wer die Welt erklären will, muss differenzieren und Differenzierung ist am Stammtisch nicht gefragt."[1]

Hinzu kommt, dass die Parolen ohne einen Anflug von Selbstzweifel, unbeirrt, laut, heftig und mit deutlicher Aggressivität verkündet werden. Man spürt Gewalt, bekommt vielleicht Angst und ist entsprechend erregt. Wie soll man da auf der Stelle das treffende Argument finden? Und das Schlimmste dabei ist, dass die, die da das Wort schwingen, meistens nicht alleine auftreten und sofort Zustimmung bekommen. Wer kann noch Souveränität aufbringen, wenn ihm/ihr droht, in die Isolation zu geraten? Häufig kommt es auch vor, dass diejenigen, die mit den Sprüchen und Schlagwörtern aufwarten, Freunde und Verwandte sind. Da will man keinen Bruch riskieren, und außerdem stehen einem diese Menschen sehr nahe – was die Situation noch schlimmer macht.

Nehmen wir ein Beispiel, ein zwar fiktives, aber nach allen meinen Erfahrungen realistisches Gespräch.[2] Gehen wir einmal davon aus, Carmen, Edith, Egon, Hans, Jessica und Uwe sind gute Freunde und treffen sich wieder einmal auf ein Bier im Stammlokal „Zum Michel".

Wirt: Na, seid ihr wieder mal zusammengekommen?! Was soll's denn diesmal sein? Wieder ein Pils?

Alle: Ja.

Wirt: Gut so, da wisst ihr, was ihr habt. Immerhin gibt es noch das deutsche Reinheitsgebot. Aber das wird ja auch verwässert. Vielleicht haben wir bald türkisches „Bürü", gebraut in Ankara. Und dann schließt auch noch die letzte Brauerei in unserer Region.

Der Wirt geht.

Hans: Gar nicht so verkehrt, was er da sagt. Deutsche Waren werden immer seltener. Und bald haben wir keine Arbeit mehr.

Egon: Ja, schaut euch doch mal um in der Stadt: eine Döner-Bude neben der anderen. Die deutschen Metzgereien schließen.

Jessica: Und in den Betrieben haben wir auch nur noch billige ausländische Arbeitskräfte.

Carmen: Aber du hast doch noch Arbeit.

Hans: Wie lange hat sie die noch? Dann sitzt ein Türke oder was weiß ich für einer an ihrem Schreibtisch.

Egon: ... und der rollt den Gebetsteppich aus.

Jessica und Hans lachen.

Hans: Und in der Fastenzeit heißt es dann „Nix arbeiten heute".

Uwe: Mein Gott, ihr werft ja alles durcheinander. Meinen Schweinebraten kriege ich immer noch in unserer Stadt und mein Kollege Mustafa ist ein ganz Netter.

Egon: Bis er sich an deine Tochter ranmacht und die mit einem Kopftuch herumläuft.

Edith: Nicht jede islamische Frau trägt auch gleich ein Kopftuch.

Jessica: Zu melden haben die alle nichts.

Hans: Genau. In der Zeitung stand neulich ein Bericht. Da wurde eine Frau gesteinigt.

Uwe: Noch vor 300 Jahren gabs bei uns Hexenverbrennungen.

Egon: Jetzt kommt er mit solchen ollen Kamellen. Die Hexen sind bei uns alle weg.

Hans: Außer Uwes Schwiegermutter.

Jessica und Egon lachen.

Egon: Im Ernst, mir stinkt das schon lange. Deutschland ist nicht mehr deutsch. Die Kriminalität steigt, nur wegen der vielen Ausländer hier.

Carmen: Woher weißt du das?

Hans: Das steht täglich in der Zeitung.

Uwe: In meiner nicht.

Hans: Du liest bestimmt auch nur eine türkische Zeitung.

Carmen: Wann bist du denn mal von einem Ausländer beklaut oder überfallen worden?

Hans: Muss es erst so weit kommen, dass ich hier mitreden darf? Das liegt doch alles klar auf der Hand: Seitdem wir die EU bis bald nach China erweitern und jedem Schwarzen, der hier her kommt, zur Begrüßung gleich einen Hundert-Euro-Schein in die Hand drücken. (...)

Carmen: Ich dachte bisher, die Menschen in China sind eher gelb. (...)

Uwe: Vielleicht sollte Hans zur Abwechslung mal ein Geographiebuch lesen.

Jessica: Ich finde, wir Deutschen gehen immer in Sack und Asche. Nur weil wir mal einen Hitler hier hatten, müssen wir nun die ganze Welt bei uns aufnehmen.

Egon: Richtig, irgendwann muss Schluss sein mit der Geschichte.

„Wir haben schwerere Zeiten in unserer Jugend durchgemacht als diese Rotzjungen und sind auch keine Anarchisten geworden."
Zeichnung: Kurt Halbritter

Edith: Was die Deutschen damals angerichtet haben, kann nie wieder gut gemacht werden.

Hans: Moraltante! Du hättest damals auch mitgemacht. Das mit den Juden war nicht so gut, das stimmt. Aber damals konnte man noch mit Ruhe nachts über die Straßen gehen.

Egon: Und Arbeit hatten auch alle.

Uwe: Und warum hatten damals alle Arbeit? Wisst ihr das auch?

Hans: Weil es keine Ausländer gab.

Jessica: Heute ist man ein Fremder im eigenen Land.

Hans: Die Politik versagt da völlig.

Egon: Hör mir auf mit Politikern. Die wollen doch nur ihre Diäten erhöhen.

Uwe: Braucht ihr wieder einen starken Mann?

Hans: Hör mal genau zu: Ein bisschen was von einem kleinen Adolf könnten wir gut gebrauchen.

Uwe: Welches „bisschen" denn? Sein Fußzeh? Sein Ohrläppchen? Oder sonst noch was? Was hättest du denn gerne wieder?

Carmen und Edith lachen.

Carmen: Ich finde es schrecklich, wie hier gedacht wird.

Jessica: Das fehlt noch, eine Gesinnungspolizei.

Egon: Das nennt man heutzutage „political correctness".

Hans: Das nervt in diesem Land: Wo du hinguckst, sind Polen, Türken und Schwarze.

Egon: Die sollen ja gut sein im Bett.

Hans: Kennst du schon den neuesten Polenwitz? Also: Warum hat eine polnische Hebamme niemals eine Armbanduhr an?

Jessica: Sage es.

Hans: Weil sie die sonst von den Neugeborenen geklaut bekommen würde.

Egon und Jessica lachen.

Jessica: Ja, heute gestohlen, morgen in Polen.

Hans: Oder die Polen kommen hierher, kassieren Sozialhilfe oder drücken mit Billigjobs die Löhne.

Edith: Warum sollten sie kommen, es gibt doch keine Arbeit mehr?

Egon: Ja, weil die Deutschen zu faul sind zum Arbeiten.

Jessica: Stimmt, denn wer Arbeit will, bekommt sie auch.

Carmen: Aber dein Sohn sucht ja auch noch eine Lehrstelle.

Jessica: Der hat sich sehr bemüht.

Hans: Der kann ja auch keine Arbeit bekommen, weil ja bevorzugt Ausländer eingestellt werden.

Egon: Ja, ja, wir kriegen die Probleme der ganzen Welt aufgehalst.

Der Wirt kommt: Hier ist euer Bier. Wollt ihr auch was essen? Wenn ja, dann beeilt euch, denn meine türkische Küchenhilfe hat bald Feierabend.

Was fällt bei diesem Gespräch auf?

Wie verhalten sich die *Parolenverkünder/in* Egon, Hans und Jessica? Sie dominieren das Gespräch über weite Strecken und haben einen Redeanteil von 70 Prozent Die Gewichte sind eindeutig – die Hoheit am Stammtisch ist klar hergestellt. Weiter ist erkennbar, dass die Protagonisten der Parolen sofort in die Offensive gehen und diese auch in den weitaus größten Teilen des Gesprächs behalten. Sie spielen sich wesentlich mehr die Bälle zu als die drei auf der anderen Seite. Und sie springen von einer Parole zur nächsten. Dieses kleine Gespräch enthält 21 Stammtischparolen:

- Die Ausländer nehmen uns die Arbeitsplätze weg.
- Islamische Frauen müssen Kopftücher tragen.
- Alle islamischen Frauen werden unterdrückt.
- Deutschland ist nicht mehr deutsch.
- Ausländer sind kriminell.
- Durch die EU werden wir überfremdet.
- Jeder Schwarze, der hierher kommt, erhält zur Begrüßung einen Hundert-Euro-Schein.
- Die Deutschen gehen immer in Sack und Asche.
- Wir müssen die ganze Welt bei uns aufnehmen.
- Irgendwann muss Schluss sein mit der Geschichte.

- Wenn Hitler nicht das mit den Juden gemacht hätte, wäre der Nationalsozialismus gar nicht so schlecht gewesen.
- Damals konnte man noch in Ruhe nachts über die Straßen gehen.
- Im Nationalsozialismus hatten alle Arbeit.
- Wir sind Fremde im eigenen Land.
- Politiker denken nur an ihre Diäten.
- Ein kleiner Hitler wäre gar nicht so schlecht.
- Neger sind gut im Bett.
- Polen klauen.
- Die Deutschen sind zu faul zum Arbeiten.
- Wer Arbeit will, der bekommt auch welche.
- Wir kriegen die Probleme der ganzen Welt aufgehalst.

Dieses „Parolenspringen" ist typisch für jeden Gesprächsverlauf. Es ist auch kein Wunder, das Repertoire ist sofort abrufbereit. (Übrigens fällt in den Seminaren auf, dass es auch denjenigen, die im Rollenspiel Parolen vertreten, leicht fällt, die Sprüche abzuspulen und beliebig von einem Spruch zum nächsten überzugehen. Und das, obwohl in den Seminaren durchweg Menschen sind, die sich gegen die Parolen im Alltag engagieren möchten.)

Es gibt offensichtlich so etwas wie „ein kollektives Unterbewusstsein", in dem diese Stammtischparolen verankert sind. Deutlich wird auch: Eigentlich geht es gar nicht um ein Gespräch. Es geht vielmehr um Dominanz oder um Macht. Und da können die Themen beliebig und die Gesprächsinhalte austauschbar sein. Vielleicht lautet die „Mega- und Meta-Parole": „Wir sind gut und die anderen sind schlecht."

Noch etwas fällt in diesem Gespräch auf: Die Parolenvertreter sind offensichtlich immun gegen anders lautende, widersprechende Informationen (Hinweis auf Hexenverbrennung, Nachfrage bei der Ausländerkriminalität oder der angeblichen Vollbeschäftigung im Nationalsozialismus), die Alltagserfahrungen der anderen werden ignoriert („Kollege Mustafa"). Sie wehren heftig moralische Hinweise ab („Moraltante",

„Gesinnungspolizei“) und sie stellen sich als diejenigen dar, die sich unentwegt rechtfertigen müssen („Muss es erst so weit kommen, dass ich hier mitreden darf?“). Schließlich ist der „Spaß-Faktor“ auf ihrer Seite groß: Sie lachen häufiger, machen Witze (Polenwitz), reißen Zoten („Uwes Schwiegermutter“). Es macht Spaß, Stärke zu zeigen.

Auf der anderen Seite die *Parolengegner/innen* Carmen, Edith und Uwe. Sie können gerade mal 30 Prozent der Redezeit beanspruchen. Erst nach einer längeren Anlaufzeit kommen sie ins Gespräch. Wenn sie überhaupt in dieser Situation – in die sie unvorbereitet hineingeraten sind – eine Strategie haben, dann die des Nachfragens und der Bitte um konkrete Auskünfte („Woher weißt du das?“ „Wann bist du denn mal von einem Ausländer beklaut oder überfallen worden?“ „Und warum hatten damals alle Arbeit?“, „Welches ‚bisschen‘ denn?“). Begründete Antworten erhalten sie nicht. Sie agieren viel mehr als Einzelakteure als die drei auf der anderen Seite, so gut wie nie nehmen sie Bezug aufeinander. Ihre Versuche, moralische Empörung auszudrücken („Was die Deutschen damals angerichtet haben, kann nie wieder gut gemacht werden.“ „Ich finde es schrecklich, wie hier gedacht wird.“) werden locker abgefertigt, sie erzeugen keine Betroffenheit. „Punkten“ können sie allerdings an einigen Stellen: einmal mit Carmens Beharren auf dem Widerspruch zwischen Proklamationen der Parolenvertreter und ihren unmittelbaren Erfahrungen („Aber du hast doch noch Arbeit.“ „Dein Sohn sucht ja auch noch eine Lehrstelle.") und zum anderen mit Uwes absurd erscheinender Nachfrage, welches „bisschen" von Hitler es denn sein soll. An dieser Stelle kippt das Gespräch ein wenig, Carmen und Edith lachen und Carmen kann sich mit ihrer Empörung Luft verschaffen.

Fassen wir zusammen: Das „Gespräch" ist kein Gespräch, es ist und bleibt kaputt – jedoch hat es für die eine Seite einen hohen Unterhaltungswert.

Gero

3.2 Was vielleicht doch geht

Sollte man bei dieser ernüchternden Erkenntnis nicht besser solchen Gesprächen ausweichen? Man hat ja sowieso keine Chance, regt sich nur auf, riskiert gar eine Eskalation. Gründe zum Ausweichen gibt es genügende. Aber es gibt erheblich mehr und gewichtigere, die dagegen sprechen. Nicht flüchten, sondern standhalten, und zwar aus folgenden Gründen:

Erstens ist es erlaubt, an sich zu denken. Denn das schale Gefühl, sich klammheimlich aus dem Staub, schweigend davongemacht zu haben, ist schlecht und zehrt am Selbstbewusstsein. Also besser den Mund aufmachen als ihn halten. Zweitens: eine demokratische Kultur und Zivilgesellschaft lebt von denjenigen, die sich für sie engagieren, sich in ihr einbringen, sie vertreten und verteidigen. Das laute, unwidersprochene Dröhnen von den Stammtischen und den ihnen verwandten Orten unterhöhlt Zivilität, Liberalität und Demokratie. Drittens: Warum sollte man die Stammtische, die ja öffentliche Plätze sind, „den anderen" überlassen? Hier gibt es eine Gesinnungsgemeinschaft, die böse Blüten treiben und politisch genutzt werden kann. Wer NPD, DVU und sonstige rechtsextreme Gruppen verhindern will, der/die muss deren Vorfeld – auch wenn es noch weit davon entfernt scheint – beachten. Viertens: Die Stammtischparolen richten sich gegen Minderheiten, diskreditieren diese, machen sie verächtlich, zielen mit Aggressivität auf sie. Bereits mit dem verbalen Widerspruch gegen solche Verunglimpfungen beginnt der Schutz möglicher Opfer.

Aber wie kann in einem Gespräch wie dem obigen wirkungsvoll eingegriffen werden? Welche Gegenstrategien gibt es? Hier ein paar Vorschläge:

- *Das Parolenspringen nicht mitmachen:* Die Parolenvertreter wechseln von einem Thema zum nächsten, bringen schlagwortartig eine Parole nach der anderen ins Spiel. Das sollte gestoppt werden; wer dagegen halten will, sollte darauf beharren, am Thema zu bleiben und konsequent auf einen Punkt nach dem anderen einzugehen.
- *Initiativ werden:* Die Seite der Protagonisten ist nach aller Erfahrung sofort in der Offensive. Dagegen sollten diejenigen, die widersprechen, die Initiative übernehmen und die Gesprächsführung in die Hand nehmen.
- *Gesprächsregeln herstellen:* Wenn es zu laut wird und alles durcheinander gerät – was eigentlich immer der Fall ist –, dann heißt es, Regeln aufzustellen und einzufordern: z.B. ausreden lassen, zuhören, am Thema bleiben.
- *Gezielt nachfragen:* Die Schwadroneure an den Stammtischen ergehen sich oft in Allgemeinplätzen. Dagegen sollten sie angehalten werden mitzuteilen, was sie gemeint haben, konkret zu werden, Ross und Reiter zu benennen (Was heißt das genau und im Detail? Welche Personen kennst du? Welche Beispiele hast du? Und woher?).
- *Zum Zuhören zwingen:* Bekundungen an den Stammtischen erfolgen nicht mit der Absicht, echte Gespräche zu führen. Diese haben nämlich das Ziel zuzuhören, Argumente abzuwägen und gegebenenfalls mit der Einsicht aufzunehmen, eine bessere Erkenntnis gewinnen zu können. So laufen aber die Situationen an den Stammtischen nicht. Um we-

nigstens ansatzweise ein echtes Gespräch herbeizuführen, sollte darauf bestanden werden zuzuhören.

- *Keine Belehrung:* Wer belehrt, schafft Abwehr. Wer lässt sich schon freiwillig pädagogisieren? Belehrungen wirken überheblich, besserwisserisch, führen dazu, dass abgeschottet wird.
- *Nicht moralisieren:* Wer moralisiert, also empört den Zeigefinger hebt, demonstriert eine bessere, eine höhere Erkenntnis. Abgesehen davon, dass er sie sicherlich hat, kommt das nicht gut an. Denn das damit hergestellte Gefälle lässt sich nicht mehr überwinden.
- *Mit Moral argumentieren:* Dagegen sollte der eigene Standpunkt durchaus mit dem Hinweis auf die Menschenrechte, das Grundgesetz oder die christlichen Gebote begründet werden. Das zeigt, von welchem sicheren Fundament aus man die Gegenposition begründet, aber es bietet im Unterschied zum Pathos des Moralisierens noch Zugänge zum Gesprächspartner.
- *Das „die" auflösen*: „Die" Ausländer, „die" Juden, „die" Schwulen ... – charakteristisch für die Parolen sind ihre höchst allgemeine Pauschalität. Deshalb nachfragen, wer genau gemeint ist: Gehört zu „den" Ausländern auch der italienische Gastwirt, die spanische Mitschülerin der Tochter, der belgische Kollege?
- *Probleme verdeutlichen*: Allgemeine Verunglimpfungen kommen flott daher, schwer zu beantworten ist hingegen z.B. die Nachfrage: Wie sollte

Zeichnung: Kurt Halbritter

später deine Rente gesichert werden, wenn nicht durch „ausländische" Rentenbeitragszahler?

- *Widersprüche aufdecken:* Keiner lebt im völligen Einklang mit sich selbst, sicherlich auch nicht diejenigen, die lauthals ihre Parolen von sich geben. Bei allzu viel Fremdenfeindlichkeit und Nationalismus ist es vielleicht einmal angebracht, auf den Pullover des Gegenüber zu verweisen, der möglicherweise aus China kommt. Oder zu fragen, wo die Billigwaren produziert werden, die wöchentlich bei Aldi, Lidl oder Tchibo im Extraangebot gekauft werden.
- *Die Luft herausnehmen:* Wenn die Tonlage steigt und der Umgang schroff wird – was sehr schnell passiert, denn es sind intensive Gefühle im Spiel –, dann ist es sinnvoll, mit einer ablenkenden Bemerkung zur Entkrampfung beizutragen. Einfach auf etwas anderes hinweisen hilft, z.B. warum der Wirt heute mit dem Bier so lange braucht.
- *Gefühle ansprechen:* Auch Aggressionen sind Gefühlsäußerungen – sie verraten viel von der Lebenssituation und den Bedürfnissen des Menschen, der sie äußert. Vielleicht kommt in der Heftigkeit eine Angst, ein Bedrohungsgefühl, eine Kränkung zu Tage. Mit Sicherheit ist der Stammtisch der denkbar ungeeignetste Ort für Therapieversuche. Aber ernst nehmen sollte man diese Gefühle. Vielleicht öffnet ja die Frage „Warum regst du dich so auf?" eine völlig neue Perspektive.
- *Brücken bauen:* Hinter vielen Parolen steckt durchaus auch so etwas wie eine „subjektiv erlebte Wahrheit". Statt Mauern kann es sinnvoll sein, Brücken zu bauen. Das Motto hieße dann: „Du hast ja auch Recht, aber sieh doch mal ..." So entsteht eine Beziehung und die starre Konfrontation wird aufgeweicht.
- *Grenzen setzen:* Auch wenn Brücken gebaut werden sollten, Grenzen müssen dennoch gezogen werden. Denn bei Menschenverachtung oder offenem Rechtsextremismus darf es keinen Kompromiss geben. Wer beispielsweise behauptet, Auschwitz sei eine Lüge, mit dem ist kein Gespräch mög-

lich. Das sollte an dieser Stelle auch beendet werden, d.h. zahlen und gehen.

- *Die Perspektive wechseln:* Warum so viel Abwehr denjenigen gegenüber, die anders sind, anders leben, anders aussehen, eine andere Herkunft, eine andere Religion haben? Ist da möglicherweise auch Neid im Spiel? Man kann es ansprechen, aber dann in der Wir-Form (denn es gilt ja Brücken zu bauen): „Vielleicht sind wir ja neidisch auf ihre Spontaneität, Freiheit, Lebenslust ...“ Oder auf ein anders Szenario hinweisen: „Was wäre, wenn man selbst einmal um Asyl bitten müsste etc.“? „Was wäre, wenn die Nationalsozialisten noch an der Macht wären und wir den Krieg gewonnen hätten?“[3]
- *Solidarität organisieren:* Das Muster ist immer das gleiche: Die Seite der Parolenverkünder bedient sich untereinander mit Stichworten, unterstützt sich, spielt sich die Bälle zu. Auf der anderen Seite sitzen oftmals einsam erstarrte oder gar schweigende Einzelkämpfer. Warum sollte da nicht Solidarität hergestellt werden, etwa durch eine Ansprache und Aufforderung, auch einmal etwas zu äußern?
- *Auf die Unentschiedenen achten:* Ein Gespräch ist selten so strukturiert, dass es nur zwei Seiten gibt, entschiedene Pro- und deutlich erkennbare Contra-Vertreter. Dazwischen sind noch andere, Indifferente, Abwartende, Dabeisitzende, Unentschlossene. Auf sie kommt es in erster Linie an, sie und nicht der harte Kern der Parolenwerfer sind die eigentlichen Adressaten des Gesprächs. Sie sind noch offen und ansprechbar sowie zu beeindrucken von der Entschlossenheit, mit der die Widersprüche zu den Parolen geäußert werden.
- *Authentisch bleiben:* Überzeugungsstärke, Entschiedenheit, Geradlinigkeit und Echtheit beeindrucken. Das imponiert gerade denjenigen, die selbst ein Autoritätsproblem haben (und dieses verbirgt sich oft hinter den markigen Sprüchen). Man kann der Empfehlung *Luthers* folgen „tritt frei auf,

sprichs gerade aus, hör bald auf". Wer auf diese Weise klar und authentisch ist, hat eine größere Wirkung, als er/sie zunächst zu glauben vermag.

- *Witz und Ironie einbringen:* Ironie zeigt Absurditäten auf, macht Widersprüche deutlich und entkrampft. Vorsicht ist aber geboten: Zynismus ist da nicht gemeint, dieser verletzt und verschärft die Situation. (Beispiel: „Jeder Sozialhilfeempfänger hat einen Hund und ein Handy." Antwortmöglichkeit 1: „Soll er seinen Hund erschießen?", Antwortmöglichkeit 2: „Das ist ja toll, wann gehst du zum Sozialamt?" Ein weiterer Fall: „Wir brauchen wieder ein Nationalbewusstsein".

  Antwort: „Machst du auch jeden Morgen Flaggenparade in deinem Garten?" Ans Dadaistische erinnert der folgende Wortwechsel: „Deutschland den Deutschen." Antwort: „Und Pizza den Pizzen.")
- *Ansprüche reduzieren:* Man muss wissen, dass die Einstellung der Stammtischbrüder und -schwestern im Kontinuum einer Lebensgeschichte steht. Die zum Ausdruck gebrachten Vorurteile und Zerrbilder haben sie sich über Jahre hinweg angeeignet. Da ändert zunächst einmal die Konfrontation mit einer Gegenposition wenig. In einem meiner Seminare prägte ein Teilnehmer die Formel: „Was ohne Argumente geglaubt wird, kann auch nicht mit Argumenten widerlegt werden." Ganz so kategorisch muss es zwar nicht gesehen werden, aber ein Kern Plausibilität steckt in diesem Satz. Und er befreit auch von Allmachtsphantasien. Die absurde Botschaft lautet: Du hast wenige Chancen, daher nutze sie. Dahinter steht die Erkenntnis, dass die Parolen auf psychosozialen Bedingungen und Faktoren beruhen. Für diese sind nicht diejenigen verantwortlich die dagegen

halten. Aber sie sind mitverantwortlich für eine zivilisierte demokratische Gesellschaft.

- *Die langfristige Wirkung beachten:* Ein Gespräch ist nie zu Ende, auch wenn die Begegnung vorbei ist. Vieles wirkt nach, gerade wenn – siehe oben – der Widersacher mit seiner Authentizität überzeugt haben sollte. Aus vielerlei Gründen (der Angst vor dem Gesichts- oder Prestigeverlust z.B.) werden im Gespräch keine Zugeständnisse gemacht. Aber vielleicht verknüpfen sich die gemachten Erfahrungen und die gehörten Worte Wochen oder Monate später mit einer anderen Begegnung und dann macht es vielleicht „klick"[4].

Ist das alles zu viel? Keine Sorge, auswendig gelernt werden sollen diese Empfehlungen nicht. Aber wer sich auf die Gespräche einlässt, der wird merken, dass es geht. Und nach mehreren Auseinandersetzungen kommen die vorgestellten Reaktionsmöglichkeiten wie von selbst.

3.3 Manchmal hilft Ironie

Die beinharte Rigorosität der Stammtischparolen kann erschüttert werden, beispielsweise durch Strategien des Perspektivwechsels und des Ironisierens. Hier ein paar Beispiele, zunächst ein historisches, als „wir" einmal „die" waren:

Über die Deutschen

„Die Deutschen strömen einen widerlichen Geruch aus, daran besteht kein Zweifel. Über die Natur dieser eigenartigen Ausdünstung ist man sich weniger einig. Viele vergleichen sie mit ranzigem Fett; andere versichern, der Gestank sei derselbe wie in einem Jahrmarktkäfig. Wieder andere fühlen sich an ein Kaninchengehege erinnert, an saures Bier, saure Milch, einen vernachlässigten Hühnerstall oder ein altes Pökelfass. (...) Mehrere Piloten haben berichtet, das Herannahen einer deutschen Siedlung kündige sich – selbst in allergrößter Höhe – durch die Nase an." (George Lenôtre, 1915)[5]

„Wenn man dem Deutschen nicht die Hände bindet, vergreift er sich instinktiv an fremdem Eigentum." (Henri de Gourmont, 1918)[6]

Auch im Einwanderungsland USA gab es Bedenken beim Zuzug von allzu vielen Deutschen:

Das „deutsche Problem"

Die Einwanderung von irischen und deutschen Katholiken in das kalvinistisch geprägte Amerika brachte mehr sozialen Zündstoff mit sich als heutzutage die Einwanderung von Muslimen in die säkularisierte westliche Welt. Als ein Drittel der Bevölkerung Pennsylvaniens aus Deutschen bestand und noch viele Einwanderer unterwegs waren, sprach man Mitte des 18. Jahrhunderts von einem „deutschen Problem". Benjamin Franklin, der 1776 die amerikanische Unabhängigkeitserklärung unterzeichnete, schrieb:

„Warum sollte Pennsylvania, das von Engländern gegründet wurde, eine Kolonie von Fremden werden, dass sie uns germanisieren, anstatt dass wir sie anglisieren?"

Ein Freund unterbreitete Franklin damals Vorschläge, um eine Überfremdung der Kolonien zu vermeiden. Franklin erwiderte:

„Dein Vorschlag, englische Schulen unter den Deutschen zu etablieren, ist ausgezeichnet. (...) Falls sie die englische Schulbildung umsonst haben können, werden sie nicht für deutsche Schulen bezahlen, so sehr sie ihre eigene Sprache lieben. Den sechsten Vorschlag, Mischehen zwischen den Angloamerikanern und den Deutschen mittels Geldspenden zu fördern, halte ich entweder für zu teuer oder ohne Aussicht auf Erfolg. Die deutschen Frauen sind im allgemeinen so wenig anziehend für einen Engländer, dass es enorme Mitgift erfordern würde, Engländer anzuregen, sie zu heiraten. Der siebte Vorschlag, keine Deutschen mehr nach Pennsylvanien zu schicken, ist ein guter Vorschlag."[7]

Ironische Ratschläge, wie Deutschland weiter den Deutschen gehören soll (ohne dass die Deutschen selbst „fremdeln"), können so ausfallen:

Der weiteren Überfremdung des deutschen Volkes Einhalt gebieten

- Verbot von Auslandsreisen. Sie sind geeignet, vorgefasste Meinungen zu erschüttern und den Reisenden auf abwegige Gedanken zu bringen. So entwickeln deutsche Touristen, die aus dem Ausland zurückkehren, häufig Wahnvorstellungen von einem Leben ohne Ladenschlussgesetz.
- Verbot von Fremdsprachen. Wer fremde Sprachen lernt, erliegt

leicht der Gefahr, die Freude an den Schönheiten der eigenen – etwa der unbegrenzten Länge deutscher Wörter und Sätze – zu verlieren. Außerdem missachtet er den Willen Gottes, der die Sprachen der Menschen aus triftigem Grund verwirrte.

- Eindeutschung von Fremd- und Lehnwörtern. Die französische Nationalversammlung ist unlängst mit gutem Beispiel vorausgegangen, indem sie die Benutzung englischer Ausdrücke unter Strafe stellte. (Leider hat der Verfassungsgerichtshof das Gesetz auf amtliche Verlautbarungen beschränkt.) Auch in Deutschland fehlt es nicht an einschlägigen Vorarbeiten. Schon Turnvater Jahn regte an, Mumien durch ‚Dörrleichen' und Pistolen durch ‚Meuchelpuffer' zu ersetzen. Der Tübinger Professor Wilhelm Merk ermahnte seine Studenten, die welschen ‚Tabletten' zu meiden und stattdessen kerndeutsche ‚Gesundheitsrundlinge' zu schlucken.
- Eindeutschung ausländischer Namen. Dass sich unser begabtester Humorist einen französischen Künstlernamen zugelegt hat und dazu noch den Namen eines Vogels, für den es auch ein deutsches Wort gibt, lässt auf einen beklagenswerten Mangel an Ehrfurcht vor der einheimischen Fauna schließen. Auch für die hugenottischen Familiennamen lassen sich gewiss deutsche Entsprechungen finden. Oder ist Herrn Lafontaine der Name ‚Brunnen' nicht gut genug?[8]

Tomaschoff

Das folgende Flugblatt sorgte für Furore, weil viele auf einmal selbst die Betroffenen waren. Dabei wird nur ein zentrales Wort ausgetauscht, eine Gruppe durch eine andere ersetzt.

„Das Katholikenproblem lösen!"

Um es gleich vornweg zu sagen: Wir haben nichts gegen Katholiken. Im Gegenteil, jeder Katholik, der sauber ist und hier seit Jahren Steuern zahlt, ist uns willkommen. Wir wehren uns nur dagegen, dass wir Norddeutschen durch den Zustrom von schwarzen Schafen und ihren bischöflichen Hirten unsere kulturelle Identität verlieren.

Leider ist es den meisten Katholiken aufgrund ihrer fundamentalistischen Einstellung bisher nicht gelungen, ihre naturreligiöse Vorstellung von Sexualität, nach der sexuelle Handlungen nur zum Zwecke der Fortpflanzung ausgeübt werden dürfen, abzulegen. Das führt dazu, dass diese Bevölkerungsgruppe, die wir einst als Gäste in unser Land riefen, sich vermehren wie die Karnickel in der Geest. Sind es nicht jene Katholiken, die durch ihre beharrliche Ablehnung jeder Form von Empfängnisverhütung in erheblichem Umfang zur Verschärfung von Problemen wie Wohnungsnot und Arbeitslosigkeit beigetragen haben und damit die Stabilität der D-Mark in Gefahr bringen?

Nach Untersuchungen des Landeskriminalamtes Bayern wurde eindeutig nachgewiesen, dass 78,47 % aller bayerischen Straftäter Katholiken sind. Allein diese Zahl macht schon deutlich, dass der dramatische Anstieg der Kriminalität in den letzten Jahren nicht unabhängig vom Katholikenproblem betrachtet werden darf. Noch stellen die Katholiken in unserem Norddeutschland eine Minderheit dar, doch allein in der Zeit von 1961 bis 1987 hat sich diese Zahl um mehr als 22 % auf 1.570.000 erhöht. Schon das Symbol, das die Katholiken anbeten, das Bildnis eines Gefolterten am Kreuz, ist beredtes Zeugnis einer latenten Gewaltbereitschaft dieser Gruppe. Muss es erst soweit kommen, dass sich keine norddeutsche Frau mehr aus Angst vor Katholiken auf die Straße traut?

Nach wie vor stehen eine Vielzahl der Rituale der Katholiken in eklatantem Widerspruch zum Grundgesetz der Bundesrepublik Deutschland. Hierzu nur zwei Beispiele: Während das Grundgesetz Ehe und Familie unter den besonderen Schutz der Gemeinschaft stellt, verbietet die katholische Kirche ihren Priestern kategorisch die Eheschließung und Familiengründung.

Während nach dem Grundgesetz Männer und Frauen gleichberechtigt sind, ist es Frauen in der katholischen Kirche verboten, Priesterin zu werden. Muss es erst soweit kommen, dass der Erzbischof von Köln die Macht an sich reißt, um das Grundgesetz außer Kraft zu setzen und seinen sogenannten Gottesstaat ohne demokratische Legitimation zu errichten?

Besonders besorgniserregend ist für Fachleute die Tatsache, dass zwischen der Einführung des Bundessozialhilfegesetzes im Jahre 1961 und dem Anstieg der Katholikenzahl in Norddeutschland direkte Zusammenhänge vermutet werden können. Hier ruhen sich Katholiken ganz offensichtlich in der Hängematte unseres Wohlfahrtsstaates aus. Zwar sind wir noch eines der reichsten Länder der Erde, aber wie lange können wir uns diesen Missbrauch durch die Katholiken noch leisten? Bereits jetzt sind die negativen Einflüsse auf die deutsche Wirtschaft erkennbar. Die hohe Anzahl ihrer religiösen Feiertage führt zu Produktionsausfällen in Milliardenhöhe. Dies hat die Konkurrenzfähigkeit zum Beispiel zur japanischen Industrie, in der so gut wie keine Katholiken arbeiten, erheblich beeinträchtigt. Muss die deutsche Wirtschaft erst völlig am Boden liegen, bis die Katholikenflut eingedämmt wird?

Die Katholiken haben ihren eigenen Staat, eine Heimat, in der sie nicht unterdrückt und verfolgt werden. Wenn sie zu uns kommen, geschieht das in der Regel nur aus wirtschaftlichen Gründen, obwohl der Vatikan das höchste Pro-Kopf-Einkommen der Welt hat. Müssen wir am Ende alle 900 Millionen Katholiken der Erde bei uns aufnehmen?

Nein, wir können das Katholikenproblem dieser Welt nicht alleine lösen, und die zunehmende Katholikenfeindlichkeit in Norddeutschland erfordert sofortiges Eingreifen und Handeln. Wir schlagen deshalb vor:

- Abweisung aller Katholiken an der Grenze Norddeutschlands!
- Sofortige Abschiebung aller kriminellen Katholiken in den Vatikan!
- Erteilung einer befristeten Aufenthaltsgenehmigung nur bei Nachweis eines Arbeitsplatzes!
- Abschaffung des Wahlrechts für Katholiken! Ausweisung aller Katholiken bei Sozialhilfebezug und Arbeitslosigkeit!
- Ausweisung der Katholiken bei verfassungsfeindlichen Aktivitäten! Das Boot ist voll, stoppt die Katholikenflut![9]

Und schließlich noch ein Beispiel, wie man offensiv und parodistisch mit ausländerfeindlichen Vorurteilen und Parolen umgehen kann. (Zu bedenken ist aber auch, welche bitteren Erfahrungen dem vorausgegangen sein müssen.)

Warnung für Vermieter

Monatelang suchte eine türkische Familie auf dem freien Markt eine Wohnung, verfolgte die Inserate und gab selbst welche auf. Ohne Erfolg. Dann ließ sich der Vater etwas Besonderes einfallen: Er schaltete – mit Erfolg – diese ungewöhnliche Anzeige:

„Junge türkische Familie mit vierjähriger Tochter sucht 3-4 ZKB in Gießen bis 1200 Mark. Te. xx xx xx. Achtung, wir warnen! Unsere Anzeige klingt zwar harmlos, aber wir sind, wie jede ausländische Familie, nicht ganz unproblematisch. Wir haben zur Zeit nur eine Tochter, aber wir vermehren uns wie die Heuschrecken. In ein paar Jahren werden wir mehrere laute, ungezogene, schmutzige Kinder haben, die durch ihren Lärm Ihr Haus zur Hölle machen werden. (...) Diese Bengel werden den ganzen Tag herumschreien, und Sie werden kein Wort davon verstehen.

Sollte Ihr Haus einen gut gepflegten ordentlichen Garten mit wunderschönen Bäumen, Pflanzen und Blumen haben, werden Sie ihn in wenigen Minuten nicht wiedererkennen. Unsere Kinder werden ihn nämlich total verwüsten, und wir werden unsere Wäsche dort aufhängen. Die Wäsche wird nur dann fehlen, wenn wir Ihren Garten mit unseren unzähligen Verwandten und Bekannten zum Grillen zweckentfremden. Übrigens:

Wir schlachten unsere Lämmer grundsätzlich in der Badewanne. Das Treppenhaus wird, wenn wir einziehen, nur nach Knoblauch und exotischen Gewürzen stinken. Aus dem Fenster unserer Wohnung wird den ganzen Tag ohrenbetäubende türkische Jaulmusik ertönen. Bei uns wird die Frau mindestens einmal in der Woche krankenhausreif geschlagen. Deshalb wird Ihr Haus für die örtliche Polizei eine wohlbekannte Adresse sein. Vor Ihrem Haus wird auch deshalb oft der Einsatzwagen mit Blaulicht erscheinen, weil wir nicht selten in Machenschaften verwickelt sein werden, die die innere Ordnung gefährden. Messerstechereien sind bei uns normal. (...)

Wir sind zwar eine dreiköpfige Familie, aber wir werden die Wohnung mit mindestens 20 Personen bewohnen, weil wir ständig Besuch bekommen. Wenn Sie zu den Menschen gehören, die immer noch zum Urlaub in die Türkei fliegen, obwohl die türkischen Maschinen wie tote Vögel eine nach der anderen vom Himmel fallen, dann haben wir vielleicht eine Chance, bei Ihnen eine Wohnung zu bekommen. Denn Sie sind ganz offensichtlich unbelehrbar. Kommt Ihnen das ganz spanisch oder getürkt vor? Dann freuen wir uns auf Ihren Anruf.“[10]

Eine originelle Idee hatten die Caritasverbände in NRW. Angesichts „dummer Sprüche über sozial Benachteiligte“[11] wurden Bierdeckel mit gängigen Stammtischparolen gedruckt.

Die Sprüche:

- Arbeitslos selbst schuld!
- Wer Arbeit sucht, findet auch welche!
- Arbeitslose sind faul!
- Arbeitslose ruhen sich in der sozialen Hängematte aus!
- Sozialhilfe kassieren und Mercedes fahren!

Auf der Rückseite ist jeweils zu lesen:

- Dummen Sprüchen auf den Deckel.
- Arbeitslose brauchen Arbeit – keine Vorurteile.
- Vorurteile sind dumm.
- Wenn Arbeitslosigkeit so schön ist (...) warum wollen dann nicht alle arbeitslos sein?
- Dumme Sprüche klopfen (...) und keine Ahnung haben.[12]

Vorurteilen eins auf den Deckel

Eine ganze Serie solcher Bierdeckel haben die NRW-Caritasverbände aufgelegt, mit denen sie ihr Anliegen deutlich machen wollen: Da, wo Vorurteile produziert werden, an den Stammtischen der Gesellschaft, sollen dumme Sprüche buchstäblich eins auf den Deckel bekommen und zwar mit Sachargumenten.

Angesicht der Umstrukturierung in den sozialen Sicherungssystemen und der aktuellen Arbeitslosenzahlen sind nach Auffassung der Caritas nicht die Arbeitslosen das aktuelle Problem. „Was fehlt sind Millionen von Arbeitsplätzen, aber keinesfalls die Motivation zur Arbeit bei den Betroffenen.“[13]

Anmerkungen

1 Jeannette Goddar: Dummes Geschwätz. Stammtischsprüche nerven und bieten Nährboden für menschenverachtende Ideologien – Aber Gegenwehr lässt sich lernen, in: Frankfurter Rundschau, 28.6.2005, S. 27
2 Das folgende Gespräch orientiert sich an dem Mitschnitt eines Rollenspiels in einem meiner Argumentationstrainings gegen Stammtischparolen. Zum Zwecke der Verdeutlichung ist es leicht verändert worden.
3 Wie es aussehen könnte, „wenn wir den Krieg gewonnen hätten", zeigt Erich Kästner mit seinem Gedicht „Die andere Möglichkeit" (Erich Kästner: Gesammelte Schriften für Erwachsene, Bd. 1, München/Zürich 1969, S. 169-171)
4 Aussteiger aus dem Rechtsextremismus bestätigen diese Vermutung. Als nämlich Jugendlicher befragt wurden, warum sie sich aus der Szene gelöst hatten, wurde deutlich, dass Eltern und Lehrer den Anstoß geben können, „wenn es ihnen gelingt, ein tolerantes, nachdenkliches und dialogisches Beziehungs- und Auseinandersetzungsangebot (zu) machen". (Benno Hafeneger: Rechte Jugendliche. Einstieg und Ausstieg: Sechs biographische Studien, Bielefeld 1993, S. 81)
5 Zit. nach: Uthmann, Jörg von (Hrsg.): Vorurteile halten warm. Einige bescheidene Vorschläge, der Überfremdung Deutschlands zu wehren, nebst einer praktischen Anleitung für Stammtischgespräche, Hamburg 1995, S. 82f.
6 Ebd., S. 90
7 Karl-Heinz Meier-Braun: Das „deutsche Problem", in: AID. Ausländer in Deutschland 3/1999 (http://www.isoplan.de/aid/1999-3/europa.htm)
8 Uthmann, a.a.O., S. 13-15
9 Aus: Graswurzelrevolution, Okt. 1992; zit. nach: Posselt, Ralf-Erik/Schumacher, Klaus: Projekthandbuch: Gewalt und Rassismus, Mülheim an der Ruhr 1993, S. 258f.
10 Im Wortlaut, in: Frankfurter Rundschau, 20.7.2002, S. 26
11 Vorurteilen eins auf den Deckel, in: Rheinische Post, 9.3.2005, B8
12 Vorurteilen eins auf den Deckel, in: Rheinische Post, 9.3.2005, B8
13 Diese Bierdeckel sind zu beziehen bei der Caritas in Aachen, Tel.: 0241/431-124 oder -227

4. Die veröffentlichte Meinung: Die Parolen hinter den Schlagzeilen

Stammtischparolen kommen nicht von ungefähr, man kann sie nicht als verirrte Meinungen von Einzelnen abtun. Hinter den Parolen steht eine kollektive Gesinnung, die ihre zahlreichen Sprachrohre hat. Umgekehrt saugen die Parolenverkünder den Stoff für ihre Vorurteile aus dem, was sie tagtäglich als salonfähig in den veröffentlichten Berichterstattungen der Massenmedien wiederfinden. Und das, was da in Wort und Bild gefasst wird, deckt sich wiederum mit dem Erkenntnishorizont der Adressaten. Beide bedienen sich wechselseitig: Zeitungsmacher und Zeitungsleser.

Ein erstes Beispiel geben Auszüge aus einem siebenseitigen Illustriertenbericht aus dem Jahr 1965.

Noch gehört Deutschland uns

Wenn das so weitergeht, vielleicht ein Jahr, dann sind wir nicht mehr Herr im eigenen Haus. Sie füllen unsere Cafés, pfeifen hinter unseren Töchtern her, flachsen unsere Ehefrauen an, prügeln unsere Polizisten – und wollen von uns auch noch geliebt werden. (...)

Wir wollen nach unseren eigenen Gewohnheiten leben und nicht nach den uns bekannten Gebräuchen in türkischen Kleinstädten und sizilianischen Dörfern. Nicht nur wir allein dürfen unaufhörlich gemahnt werden, uns mehr auf die Mentalität der Gastarbeiter einzustellen. Die Gastarbeiter sollten, wenn sie nun einmal bei uns leben, sich endlich nach deutschen Gepflogenheiten richten. (...)

Es muß Schluß sein mit der unkontrollierten Einwanderung. Schluß mit den Messerhelden und halbstarken Rabauken, die unseren Frauen den abendlichen Heimweg und uns allen nur zu oft den Schaufensterbummel und das Bier am Abend vergällen. Denn noch gehört Deutschland uns![1]

Allein in dieser kurzen Passage stecken die Stammtischparolen gleich reihenweise:

- Deutschland den Deutschen!
- Die Ausländer nehmen uns die Frauen weg.
- Ausländer sind kriminell.
- Man kann abends nicht mehr auf die Straße gehen.
- Wer hierher kommt, soll sich uns anpassen.

Sicher kann man sagen, dass das lange her ist, denn immerhin wurde dieser Bericht (mit zahlreichen eindeutigen und finsteren Bildern) vor 40 Jahren geschrieben.

So unverblümt und direkt äußern sich heute die Massenmedien nicht mehr. Das geht anders, aber die Zielrichtung ist die gleiche[2]:

Variante 1: Fragezeichen

„Sind türkische Jugendliche krimineller als deutsche?" Diese Frage beantwortete eine Tageszeitung unter Verweis auf Statistiken und Expertenaussagen mit einem „ja". Gleichzeitig wird das Klischee, dass von ausländischen Jugendlichen sexuelle Übergriffe auf deutsche Mädchen bzw. Frauen ausgingen, unterstützt: „Sexuelle Anpöbeleien seien ein Zeichen dafür, dass türkische Jungen bei deutschen Mädchen schlechte Chancen haben, meint Sentürk (d.i. der herangezogene Experte). Doch in der Gruppe fühlen sie sich stark – und schlagen oft zu, wenn sich gleichaltrige Deutsche schützend vor ‚ihre' Mädchen stellen wollen."[3]

Variante 2: Tabubruch

„Ausländerkriminalität – ein Tabuthema. Erst Recht, wenn es nicht einmal um Erwachsene geht – wenn Jugendliche Täter sind. Darf man darüber schreiben? Andererseits: Probleme wurden durch Schönreden noch nie gelöst. Gewalt an Ausländern wird keineswegs relativiert, wenn man über Gewalt von Ausländern berichtet."[4] Das ist der Vorspann zu einer längeren Reportage. Die Redaktion merkt, dass es einer Rechtfertigung für den Bericht bedarf. Wenige Monate später legte diesselbe Zeitung – sie hat eine große regionale Verbreitung – mit einem weiteren, mit „Unvorstellbare Aggressivität" überschriebenen Bericht nach:

„Ausländerkriminalität ist ein Tabuthema – erst recht, wenn die Täter Jugendliche sind. In vielen Städten gibt es Ärger mit nicht-deutschen Jugendbanden, aber offiziell haben Polizei und Verwaltung ‚keine Erkenntnisse'. Experten fürchten, dass ein Problem verdrängt wird."[5] So beginnt ein mit vielen Belegen gespickter Bericht. Ein „heißes Eisen" wird angefasst, der Mief der Political Correctness weggeblasen. Journalisten sollen mutig sein. Sicherlich, aber dürfen sie auch selektiv informieren? Haben sie nicht auch die Pflicht, Gründe zu benennen?

Greser & Lenz

Variante 3: Hinweis auf die Nationalität

Es ist schon erstaunlich, wie häufig in der folgenden Zeitungsmeldung die Rede von „dem Türken" ist. Einen (zu diesem Zweck anonymisierten) Namen hat er nicht, braucht er auch nicht – er ist ja „ein Türke":

> „Ein 35-jähriger arbeitsloser Türke musste sich gestern vor dem Landgericht verantworten, weil er im Februar ein elfjähriges Mädchen vergewaltigt und zu sexuellen Handlungen gezwungen haben soll. (...) Der Türke hätte sie zunächst zu sexuellen Handlungen gezwungen und anschließend im Badezimmer vergewaltigt. (...) Am nächsten Tag war das Mädchen allein mit dem Türken in der Wohnung. (...) An der Hose des Türken sollen erhebliche Blutspuren gewesen sein. Das Mädchen verließ die Wohnung und traf sich mit Freunden, die ihrerseits dem Türken auf die Wohnung rückten.“[6]

Ein weiteres Beispiel für diese Pauschalierung ist auch die Überschrift: „Türke sticht Ehefrau auf offener Straße nieder.“[7]

Variante 4: Hinweis auf die Rasse

Natürlich sind Personenmerkmale Hilfen für die Fahndung. Aber muss gleich mit der Tür ins Haus gefallen werden, so wie hier: „Ein 21-jähriger Bochumer wurde am frühen Sonntagmorgen in Kempen von vier dunkelhäutigen Männern ausgeraubt.“[8] Was ist die Botschaft, der Raub oder die Kriminalität der Schwarzen?

Variante 5: Warnung vor dem Rechtsextremismus

Da die Gewalt von „den“ Ausländern ausgeht (siehe Variante 1), ist alles, was sich gegen sie richtet, nur eine Reaktion – auch der Rechtsextremismus. Ein Beleg für diese erstaunliche Argumentation (die auch den Zweck erfüllt, die berichtende Zeitung als Mahnerin und Warnerin vor der rechtsextremen Gefahr auszuweisen): „Jugendliche Deutsche erleben Gewalt gegen sich, die (...) nur unzureichend sanktioniert wird. Sie resignieren oder schließen sich zusammen oder reagieren ihrerseits mit Gewalt“ erläutert Albishausen (d.i. der herangezogene Experte) – und warnt: „Dies ist auch ein Nährboden für rechtes, pauschaliertes ausländerfeindliches Gedankengut.“[9]

Nun kann sicherlich und durchaus auch begründet eingewendet werden, dass die Fakten ja stimmen: Es gibt ausländische Jugendliche, die kriminell sind und es gibt Deutsche, die davor Angst haben. In diesem unbezweifelbaren Kern Wahrheit steckt jedoch bereits ein deutlicher Unterschied zur pauschalen Annahme von „der Ausländerkriminalität“: Es gibt auch (!) Kriminelle, die nicht aus Deutschland stammen. Verschwiegen werden darf dabei aber nicht, dass es auch (!) Kriminelle gibt, die aus Deutschland stammen. Und um es seriös zu beantworten, sollten Vergleichsgruppen herangezogen werden: In sozialen Randbezirken von Großstädten lebende, in starken Peergruppen verkehrende männliche, türkischstämmige Jugendliche ohne Schulabschluss sollten mit deutschen Jugendlichen verglichen werden, die die gleichen sozialen Merkmale aufweisen. Dann erst sind Erkenntnisse ohne Vorurteile zu diskutieren.

Und es ist zu bedenken, welcher Zusammenhang herstellt wird: Argumentiert man aus sozialen Gründen, mit dem Verweis auf eine ökonomische oder kulturelle Ungleichheit oder bezieht man sich primär auf Nation, Ethnie oder Rasse? Der erste Begründungszusammenhang ist ein relativer, ein sozial verursachter, der zweite ein absoluter, ein rassistischer.

Wie ist die notwendige und umfassende Informationspflicht einer Zeitung in Einklang zu bringen mit dem Diskriminierungsverbot des Presserates? Wann gerät die Berichterstattung zur Kampagne? Wie viel Wahrheit muss aber dennoch sein?

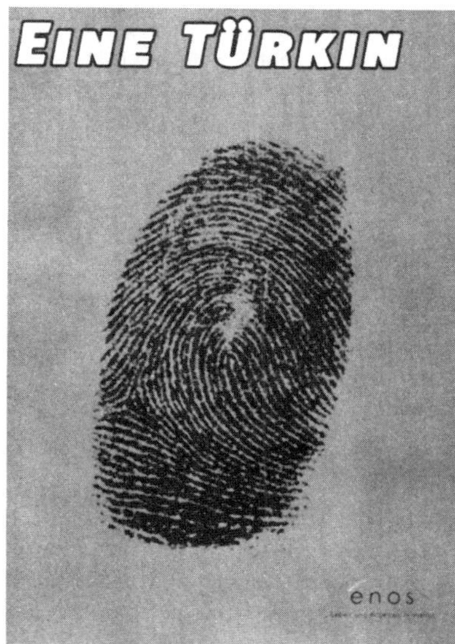

Xenos-Postkarte

Krach um Kongo-Killer

Chefreakteure sehen sich vom Presserat bevormundet.

Für eine üble Schlagzeile ist das Berliner Boulevardblatt B.Z. immer gut. Diesmal war es „Der Kongo-Killer aus Weißensee". So berichtete die Springer-Zeitung im vergangenen Herbst über einen Halb-Kongolesen unter Mordverdacht. Für die Überschrift setzte es vom Presserat eine Rüge. Denn die Nennung der Nationalität eines Verdächtigen steht im Pressekodex unter engen Auflagen.

Im Falle des „Kongo-Killers" sah der Presserat die zwölfte Richtlinie verletzt. Die besagt: „Niemand darf wegen seines Geschlechts oder seiner Zugehörigkeit zu einer rassischen, ethnischen, religiösen, sozialen oder nationalen Gruppe diskriminiert werden." Eigentlich eine Minimalforderung. Doch nun haben fünf Chefredakteure beim Presserat gegen die Handhabung der Richtlinie 12 protestiert. Sie sehen in der Spruchpraxis des Kontrollorgans „eher ein Bevormundungsinstrument als eine Hilfe zur Vermeidung von Diskriminierung".

Das überrascht. Denn über die Richtlinie 12 haben sich Redaktionen schon immer gern hinweggesetzt. Mal wird ausdrücklich erwähnt, dass ein Autoknacker Türke ist, mal über Diebe nicht ohne den Hinweis berichtet, diese seien aus Ex-Jugoslawien. Journalistisch ist die Nennung der Nationalität eines Straftäters aber nur dann sinnvoll, wenn den Lesern so der Hintergrund einer Tat erläutert werden kann. Bei Bandenkriegen ist das möglich, oder etwa bei gewalttätigen Auseinandersetzungen zwischen Jugendgangs.

Das sieht auch der Presserat so – und konkretisiert die Richtlinie 12: „In der Berichterstattung über Straftaten wird die Zugehörigkeit der Verdächtigen oder Täter zu religiösen, ethnischen oder anderen Minderheiten nur erwähnt, wenn für das Verständnis des berichteten Vorgangs ein begründbarer Sachbezug besteht. Besonders ist zu beachten, dass die Erwähnung Vorurteile gegenüber schutzbedürftigen Gruppen schüren könnte." Es sei aber genau umgekehrt, sagen nun die Chefredakteure. ... Erst wenn verschwiegen wird, dass ein Straftäter Ausländer ist, werde dieser diskriminiert. So sagt zum Beispiel Wolfgang Mauersberg, Chefredakteur der *Hannoverschen Allgemeinen Zeitung:* „Die Nicht-Nennung einer Ethnie führt eher zu einer größeren Diskriminierung."[10]

Mit dieser Richtlinie liegt eine gute Grundlage für alle diejenigen vor, die mit Leserbriefen aktiv werden wollen, wenn sie in ihren Zeitungen Diskriminierungen entdecken.

Anmerkungen

1 Noch gehört Deutschland uns, in: Neue Illustrierte, Nr. 18, 2.5.1965, S. 5-12
2 Die folgenden Beispielen stammen alle aus einer Tageszeitung. Das soll keineswegs den Eindruck erwecken, als sei diese Zeitung in dieser Frage ein besonders profiliertes Blatt. Nein, sie ist so wie viele andere Zeitungen an vielen anderen Orten: in der Mitte der Gesellschaft angesiedelt und eine Meinungsführerin. So steht die „Rheinische Post" als pars pro toto für das, was auch anderswo in der Presse zum Ausdruck gebracht wird.
3 Sind türkische Jugendliche krimineller?, in: Rheinische Post, 17.1.2001, S. 3
4 „Wir haben hier eine Abzockerband", in: Rheinische Post, 13.10.2000, S. 3
5 „Unvorstellbare Aggressivität", in: Rheinische Post, 17.1.2001, S. 3
6 Vergewaltigungsprozess: Was geschah im Bad?, in: Rheinische Post, Lokalteil Krefeld, 16.6.2005, C1
7 Türke sticht Ehefrau auf offener Straße nieder, in: Rheinische Post, 16.3.2005, C8
8 21-Jähriger ausgeraubt, in: Rheinische Post, 27.6.2005, B1
9 Sind türkische Jugendliche (...), a.a.O.
10 Jennifer Niederstadt: Krach um Kongo-Killer. Chefredakteure sehen sich vom Presserat bevormundet, in: Frankfurter Rundschau, 11.6.2003, S. 13

5. Wie gefährlich sind Stammtischparolen?

5.1 Menschenfeindlichkeit – Populismus – Rechtsextremismus

Nun könnte man ja zur Gelassenheit mahnen und die Meinung vertreten, dass es sich bei den Stammtischparolen lediglich um individuelle Stimmungsmache handelt, die vielleicht in vorgerückter Stunde, in angeheizter Atmosphäre und durch den Konsum von Alkohol hochschwappt. Diese Relativierung ist jedoch blauäugig. Denn hinter den Stammtischparolen steckt mehr, mit ihnen kommen die psychischen Tiefenschichten unsere Gesellschaft zu Tage. Stammtischparolen demonstrieren die soziale, politische und kulturelle Befindlichkeit der Menschen, die hier leben. Mit ihnen wird das geäußert, was weitverbreitet gedacht wird.

Dafür gibt es Belege: Hinter den oben vorgestellten Stammtischparolen steht das, was von einer Forschergruppe um Wilhelm Heitmeyer als „Syndrom Gruppenbezogener Menschenfeindlichkeit" beschrieben wird. Dieses war bzw. ist das Ergebnis von repräsentativen Befragungen, die seit 2002 jährlich durchgeführt werden. Das so ermittelte „Syndrom Gruppenbezogener Menschenfeindlichkeit" zeigt sich in insgesamt sieben Elementen bzw. Facetten: Rassismus, Fremdenfeindlichkeit, Antisemitismus, Heterophobie, Islamphobie, Etabliertenvorrechte und Klassischer Sexismus.[1] Dabei gibt es erstaunlich hohe Zustimmung zu den vorgegebenen Items (d.s. Einzelangaben innerhalb eines Tests). Ein paar Beispiele[2]:

- „Die Weißen sind zu Recht führend in der Welt": eine Zustimmung („eher" bzw. „voll und ganz") von 16,4% (2002) bzw. 14,5% (2005)
- „Es leben zu viele Ausländer in Deutschland": 55,4% (2002), 61,1% (2005)
- „Wenn Arbeitsplätze knapp werden, sollte man die in Deutschland lebenden Ausländer wieder in ihre Heimat zurückschicken": 27,2% (2002), 36,1% (2005)
- „Juden haben in Deutschland zu viel Einfluss": 21,7% (2002), 20,9% (2005)
- „Durch ihr Verhalten sind die Juden an ihren Verfolgungen mitschuldig": 16,6% (2002), 12,9% (2005)
- „Muslimen sollte die Zuwanderung nach Deutschland untersagt werden": 26,5% (2002), 24,3% (2005)

Eine andere Studie untersuchte das Ausmaß des Autoritarismus[3]. Dabei „zeigen sich unerwartet hohe Zustimmungswerte zu autoritären Aggressionen, die scharfe Anforderungen enthalten, gegen andere vorzugehen"[4]. So erhielt das Item „Verbrechen sollten härter bestraft werden" eine Zustimmung

T. Plaßmann

von insgesamt 87,5% und das Item „Um Recht und Ordnung zu bewahren, sollte man härter gegen Außenseiter und Unruhestifter vorgehen“ stieß bei 80,1% auf eine positive Resonanz.[5]

Diese (und andere) Werte deuten nach Heitmeyer auf „menschenfeindliche Einstellungen“ hin.[6] Aus diesem Stoff ist der Kern der Parolen.

Das Potenzial von rechtspopulistisch eingestellten Menschen in der Bundesrepublik ist groß. Es beträgt mittlerweile 26% – mit steigender Tendenz (im Jahr 2002 betrug es noch 20%). Dazu Wilhelm Heitmeyer: „Dies ist ein Potential in der Bevölkerung, das sich insbesondere gegen Fremde, schwache Gruppen und ‚Normabweichende‘ wendet ...“[7] Nicht jeder ist auch gleich ein Rechtsextremist, aber die Nähe ist da: „In Brandenburg würden 31 Prozent, in Berlin 26 Prozent der zum rechten Potenzial Zählenden rechtsextreme Parteien wählen.“[8] Der organisierte Rechtsextremismus hat einen Nährboden in populistischen, anomischen, ausgrenzenden, diffamierenden, vorurteilsbeladenen, antidemokratischen Haltungen und

T. Plaßmann

Bewertungrn. Im Begriff „Stammtischparolen“ lassen sich das verbale Repertoire und die Artikulationsformen des Populismus[9] – das Vor- und Umfeld des Rechtsextremismus – zusammenfassen.

Populistisches Denken und entsprechende Mentalitäten „(können) sowohl als Vorformen als auch Legitimationen von zerstörerischer Brutalität dienen. (...) Manifeste Menschenfeindlichkeit, die sich im zerstörerischen Handeln zeigt, (beginnt) vielfach mit latenter Menschenfeindlichkeit in Einstellungen und Verhaltensbereitschaften.“[10]

Rechtspopulismus und Rechtsextremismus sind eng verbunden mit Fremdenfeindlichkeit. Und diese ist in der Bundesrepublik verbreitet; starke oder deutliche Fremdenfeindlichkeit in den alten Bundesländern: 27%, starke oder deutliche Fremdenfeindlichkeit in den neuen Bundesländern: 41%[11]. Fremdenfeindliche Einstellungen bei Frauen: 36% (West) bzw. 45% (Ost), bei Männern: 26% (W) bzw. 29% (O)[12]. Eine Sonntagswahlfrage ergab, dass von den fremdenfeindlich eingestellten Befragten 34% die CDU, 30% die SPD wählen würden.[13] In Sachsen-Anhalt, Thüringen und Mecklenburg-Vorpommern liegt der Anteil fremdenfeindlich eingestellter Personen zwischen 43 und 52%.In Hamburg und Bremen liegt die Quote bei 18 bis 21%.[14] In den alten bzw. neuen Bundesländern sind 14% bzw. 29% der 18-25-Jährigen fremdenfeindlich eingestellt, dagegen 45% bzw. 52% der 66-75-Jährigen.[15] Die Tendenz ist steigend, die Fremdenfeindlichkeit nimmt zu: „in Ostdeutschland von ca. 46% 2002 auf fast 53% 2005. Demgegenüber verlief die vergleichbare Entwicklung in Westdeutschland von 32% auf fast 38%.“[16]

Interessant ist die Erkenntnis, dass Fremdenfeindlichkeit gerade dort am verbreitetsten ist, wo es die wenigsten Fremden gibt. Die ironische, aber realistische Volte: Die Fremden stören die Fremdenfeindlichkeit.

Mit Fremdenfeindlichkeit gehen Rechtsextreme auf

Stimmenfang und versuchen, Politik zu machen. Fremdenfeindlichkeit ist ein Kriterium des Rechtsextremismus, aber nicht jeder, der fremdenfeindlich eingestellt ist, ist auch ein Rechtsextremist, aber er kann schnell einer werden. Fremdenfeindlichkeit alleine ist noch kein Rechtsextremismus, aber sehr leicht kann sie dazu führen. Eine Definition hierzu: „Trotz gravierender Unterschiede im Einzelnen lässt sich aus der Literatur ein Merkmalsbündel für R. herausfiltern: Als rechtsextrem kann man Personen, Organisationen, Gruppen bezeichnen, die *autoritäres, antipluralistisches, antiparlamentarisches, zivilisationskritisches und nationalistisches* (bes. *fremdgruppenvorurteilsbehaftetes) Gedankengut* vertreten *und* bei denen zu dieser ‚politischen Philosophie' noch ein *rigides, auf Entweder-Oder-Dichotomien fixiertes Gedankengut* hinzukommt. Dabei können die einzelnen Merkmale abgestuft sein und/oder untereinander verschieden bewertet und gewichtet werden."[17]

Die Haltung bleibt oft nicht folgenlos, eine fremdenfeindliche Einstellung kann zu einer handgreiflichen Tat führen. In diesem Fall ist es nur ein kurzer Weg von der Gesinnung zur Gewalt. Die Parole geht dann dem Angriff voraus:

Potsdamer greifen Asylbewerber an

Potsdam. Ein 31 Jahre alter Asylbewerber aus Kamerun ist in Brandenburgs Landeshauptstadt von fünf Potsdamern krankenhausreif geschlagen worden. Sie hatten zuvor eine Gruppe von Menschen, darunter das Opfer, an einer Bushaltestelle mit ausländerfeindlichen Parolen beschimpft, wie die Polizei am Montag berichtete. Der Vorfall ereignete sich in der Nacht zum Sonntag. Die Asylbewerber hätten sich nach den Beschimpfungen zurückgezogen, seien aber von der Gruppe bis zu ihrem Asylbewerberheim verfolgt worden.

Dort sei der Kameruner zu Boden geschlagen und getreten worden, hieß es. Er wurde mit Verletzungen an Schulter und Ellenbogen in ein Krankenhaus gebracht. Die Täter wurden zunächst in Gewahrsam gebracht, später aber wieder entlassen.[18]

Es gibt es eine bestürzende Zahl: 93 Menschen sind in den Jahren von 1990 – 2000 in Deutschland durch rechtsextreme Gewalt umgekommen. „Sie starben, weil sie anders aussahen, anders dachten, anders lebten.“[19]

Aufsehen erregt hat eine Studie von Wissenschaftlern der FU Berlin, derzufolge auch Gewerkschaftsmitglieder anfällig sind für rechtextremes Gedankengut: „Befragt wurden 4000 Menschen; 19 Prozent der Gewerkschaftsmitglieder und 20 Prozent der Nicht-Mitglieder sind rechtsextrem eingestellt.“[20] Das ist ein Beleg mehr für die These, dass der Rechtsextremismus aus der Mitte der Gesellschaft kommt: „Rechtsextremismus (kann) nicht als ein Problem gedeutet werden, das am Rande der Gesellschaft entsteht.“[21]

Hinweise auf das rechtsextreme Menschenbild und Gesellschaftsverständnis findet man zuhauf in den Parteiprogrammen von NPD und DVU. So stößt man im Parteiprogramm der DVU auf folgende Parolen[22]:

- „Deutschland soll das Land der Deutschen bleiben.“
- „Stopp dem zunehmenden Ausländerzustrom.“
- „Ausweisung von kriminellen Ausländern.“
- „Deutschland darf nicht länger Zahlmeister für fremde Interessen sein.“
- „Wir wenden uns dagegen, dass Strafrecht und Strafvollzug aufgeweicht werden.“

Das ist Stammtisch pur.

Mester

Gleiches gilt auch für die andere rechtsextreme Partei, die NPD: „In etlichen Punkten ihres Programms ist die NPD nur der extreme Ausdruck einer durchaus weit verbreiteten Stimmung: die Abschottung gegen Fremdes, Vorrechte für die Alteingesessenen, eine protektionistische Wirtschaftsordnung oder ganz allgemein die Hoffnung auf weniger Unsicherheit oder weniger Flexibilisierung, die Sehnsucht nach mehr Homogenität, Stabilität und der eigenen Scholle – all das könnte die NPD für breitere Teile der Bevölkerung attraktiv machen, auch in Westdeutschland."[23]

Es gibt viele, teilweise auch einander widersprechende Erklärungen dafür, warum Rechtsextremismus entsteht[24], aber bei diesem Gegenmittel dürfte Übereinstimmung bestehen: „Empathie, Kritikfähigkeit, demokratisches Bürgerengagement (bilden) eine Grundvoraussetzung für das schrittweise Zurückdrängen der extremen Rechten."[25] Der Widerspruch gegen Stammtischparolen ist da genau richtig.

5.2 Auf „Bauernfang": die politischen Demagogen

Politische Demagogen sind Resonanzboden und Resonanzverstärker der Parolen. Wie z.B. der frühere FPÖ-Chef Jörg Haider auftritt, welche Kommunikationsstrategie er benutzt (und wie man sie selbst einsetzen könnte), ist analysiert und in sieben Punkten dargestellt worden[26]:

Wie politische Demagogie funktioniert

1. *„Predigen Sie etwas Einfaches":* „Sie wissen, dass soziale und politische Prozesse komplex sind. Aber sorgen Sie dafür, dass nur Sie das wissen. Als Demagoge ist es Ihre Aufgabe, den Dschungel der politischen Probleme zu roden und das Bild eines übersichtlichen Gartens zu zeichnen. Wollen Sie Demagoge sein? Tun Sie so, als ob alles ganz einfach wäre. Noch besser wäre es, wenn Sie Ihre einfachen Antworten auf komplizierte Fragen selbst glauben. Also: Ausländer sind kriminell, Politiker korrupt, Beamte faul."

2. ***„Teilen Sie die Welt in ‚die Wir' und ‚die Anderen'":*** „‚Die Wir' sind gut, ‚die Anderen' böse. Vermeiden Sie jede positive Aussage über ‚die Anderen' und ignorieren Sie deren Motive. Loben Sie hingegen alles, was ‚die Wir' tun. Fragen Sie niemals nach deren Absichten, Handlungen oder Motiven. ‚Die Wir' werden von ‚den Anderen' bedroht."
3. ***„Geben Sie sich unfehlbar und vor allem niemals einen Fehler zu":*** „Erfinden Sie Sündenböcke. Damit lassen sich Probleme ganz einfach erklären: Warum gibt es Arbeitslose? *Weil die Ausländer den Inländern Arbeitsplätze wegnehmen.* (...) Haider aktiviert die Ängste des kleinen Mannes, zugleich aber auch seine Hoffnungen auf Größenphantasien. Haider ist Opfer und Held zugleich. Er handelt stellvertretend für die kleinen Leute, leidet wie sie, bäumt sich gegen sein Leiden auf. Und macht schließlich, was der kleine Mann nicht tut: aufstehen und auf den Tisch hauen."
4. ***„Verwenden Sie eine Gefühlssprache":*** „In den traditionellen politischen Reden wurde bislang eher ein Sprachgebrauch gepflogen, wie sie Diplomaten eigen ist: lange kunstvolle Sätze, vage, mit wenig Emotionen. Demagogisches Reden verlangt das genaue Gegenteil: kurze, prägnante Sätze mit viel Gefühl. Die Sprache Jörg Haiders funktioniert so und zeichnet sich im Gegensatz zu anderen Politikern durch Verständlichkeit aus. Mangelnde wirtschaftliche Kompetenz heißt dann: *Funktionäre verwurschteln Geld.* (...) Demagogische Gefühlssprache ist kein Nebenprodukt der Politik und keine Folge von spontanen ‚Entgleisungen', die einem Politiker in der Hitze des Gefechtes passieren. Sie ist ein zielgerichtetes Instrument, Begriffe wie *Asylantenstrom, Ausländerflut, Völkerwanderung, Überschwemmung durch Fremde* sind von Demagogen wie Haider sorgfältig ausgewählt. Sie lösen Angst aus. Menschen wird das Gefühl vermittelt, Entsetzliches komme auf sie zu."
5. ***„Drohen Sie ‚den Anderen'":*** „Für Demagogen wie Haider ist Politik Kampf. (...) Ein solcher Sprachgebrauch regt Gewaltfantasien an. Befriedigen Sie dieses Bedürfnis Ihrer Anhängerschaft, ‚Feinden' zu drohen (...)."
6. ***„Erzählen Sie Geschichten":*** „Demagogen sind begnadete Märchenerzähler. Sie erläutern ihre Geschichten gern anhand anschaulicher Geschichten. Sie greifen Einzelfälle aus der Feind-Gruppe heraus und stellen sie exemplarisch an den Pranger. Fakten sind für die Propaganda eines erfundenen Weltbildes ohne Belang. Machen Sie sich als Demagoge frei von ‚empirischen Beweisen'. Seien Sie kreativ und überwinden Sie die Wirklichkeit. Erfinden Sie Ihre eigenen Zahlen. (...) Erfinden Sie Autoritäten, wie Daten, Gesetze oder Personen, um Ihre Argumente zu stützen."

7. ***„Wiederholen, wiederholen, wiederholen":*** „Demagogische Propaganda wirkt durch stete Wiederholung. Erfinden Sie eine absurde Behauptung (siehe oben), und wiederholen Sie sie unentwegt – ohne Rücksicht darauf, ob sie durch Fakten schon längst widerlegt wurde. Bleiben Sie zäh. Die Macht des wiederholten Wortes ist nicht zu unterschätzen. Denn mit der Zahl der Wiederholungen wächst auch die Bereitschaft beim Hörenden, die Behauptung als wahr zu akzeptieren. So kann die Behauptung schließlich zur ‚Wahrheit' werden."

In der Bundesrepublik hat ein Wort die Diskussion um die Sprache „der Rechten" entfacht: „Fremdarbeiter". Ausgerechnet ein Linker, nämlich Oskar Lafontaine, brachte ihn ins Spiel, indem er im Juli 2005 vor der Marx-Büste in Chemnitz Zuwanderer so bezeichnete. Der Staat, so Lafontaine, sei verpflichtet, „zu verhindern, dass Familienväter und Frauen arbeitslos werden, weil Fremdarbeiter mit zu niedrigen Löhnen ihnen die Arbeitsplätze wegnehmen"[27]. Das Echo war massiv: „Oskar Haider" titelte die „Zeit": „Unter den strengen Blicken der monumentalen Marx-Büste experimentierte Lafontaine ganz unverkrampft mit der Sprache von Goebbels. Chemnitz war ein Testlauf vor Publikum für einen schillernden Populismus, der so lechts ist, dass er fast schon wieder rinks ist. Die NPD hat sofort den Versuch gerochen, in das Revier ihres ‚nationalen Sozialismus' einzubrechen. Der Parteivorsitzende Udo Voigt höhnte, das Linksbündnis übernehme offenbar die ‚Argumente der nationalen Opposition'. Auch Voigt will die Arbeitslosigkeit bekämpfen, indem ‚wir Fremdarbeiter nach Hause schicken'."[28]

„Der Pole macht's für ein Drittel"
Zeichnung: T. Plaßmann

Der „Spiegel" bescheinigt Lafontaine, dass er mit „in den braunen Sprachtopf greift und gegen ‚Fremdarbeiter' polemisiert."[29] Und kurze Zeit darauf stellte im selben Magazin der Theologe und Verfassungsrichter Richard Schröder fest: „Er (Lafontaine) hat ein sicheres Gespür für das, was am Stammtisch ankommt."[30]

Der so Beschuldigte begründet sein Wortwahl wie folgt: „Im Altgriechischen heißt ‚Xenos' nicht nur der Fremde, sondern auch der Gast. (...) Insofern verbinde ich mit diesem Begriff überhaupt nichts Negatives. Ich bestreite auch, dass das ein typischer Begriff des Nationalsozialismus ist. Die Nazis waren nicht in erster Linie fremdenfeindlich, sondern rassistisch."[31] Zu bezweifeln ist aber, ob so viel humanistische Bildung an den Stammtischen präsent ist, wo die zum „Fremdarbeiter" passenden Parolen verkündet werden: „Die Ausländer nehmen uns die Arbeitsplätze weg" und „Wir sind Fremde im eigenen Land".

Ein Blick ins Lexikon bestätigt die Vorbehalte gegen den Begriff: „*Fremdarbeiter*, im nat.-soz. Sprachgebrauch Bez. für die nach Ausbruch des Zweiten Weltkrieges (1939) aus besetzten Gebieten nach Dtl. Deportierten bzw. in der dt. Wirtschaft eingesetzten Arbeiter nicht dt. Staatsangehörigkeit."[32]

Der Begriff „Fremdarbeiter" heute hat eine andere Bedeutung und inhaltliche Verknüpfung als der vor 30 Jahren. Damals, in den wirtschaftlich prosperierenden Zeiten, erregte es kein Aufsehen, als der damalige Bundespräsident Gustav Heinemann mitteilte: „Wir stehen unter Umständen vor der Notwendigkeit, noch mehr Fremdarbeiter hereinzuholen."[33] Heinemann plädierte mit diesem Begriff für eine verstärkte Zuwanderung, Lafontaines Meta-Botschaft hingegen lautet „Ausländer raus!" Dasselbe Wort, aber eine völlig andere Intention, in unterschiedlichen Zeiten mit einer gegensätzlichen wirtschaftlichen Lage: „Es kommt auf den Kontext an."[34]

Zur Strategie politischer Demagogie gehört es auch, historisch und kulturell belegte Begriffe passend zu den Zeitläufen wieder zu aktualisieren. Diese Begriffe sind assoziativ belegt, die müssen nicht noch erläutert werden. Unterhalb der Ebene der rein verbalen Aussage gibt es noch eine tiefgründige, emotional gefärbte Mitteilung.

Für Furore und Empörung sorgte der Brandenburger Innenminister Jörg Schönbohm (CDU), als er die neunfache Baby-Tötung durch eine Mutter in Frankfurt/Oder mit den folgenden Worten erklärte: „Ich glaube, dass die von der SED erzwungene Proletarisierung eine der wesentlichen Ursachen ist für die Verwahrlosung und Gewaltbereitschaft.“[35] So einfach ist das: „Proleten töten Kinder“, „Die DDR produzierte mordende Mütter“, „Der Sozialismus ist an allem Schuld“. Das ist eine eindimensionale Sicht. Sie blendet aus, dass zu dieser Tat auch individuelle Voraussetzungen geführt haben könnten oder die sozialen Verwerfungen mitverantwortlich sind, die die deutsche Einheit in vielen Gebieten des Ostens herbeiführte.

Das Repertoire an Stammtischparolen erweitert sich stets. Wichtig ist nur, dass es in eine bereits vorhandene Ideologie passt, dass Komplexität reduziert wird, also schwierige Umstände auf einen einfachen Nenner gebracht und eingängige Erklärungsmuster angeboten werden. Offensichtlich lieben viele Menschen simple Antworten auf komplizierte Fragen. Die Demagogen, die großen in den Medien und die kleinen an den Stammtischen, bedienen diese Bedürfnisse.

5.3 Stammtischparolen anschaulich gemacht

Stammtischparolen sind mitten in der Gesellschaft. Da ist kein großer Aufwand erforderlich, um sie zu mobilisieren. Ein paar schlichte Querbalken und Pfeile genügen, um daran zu erinnern, dass uns ja die Ausländer die Arbeitsplätze wegnähmen und dass sie zudem kriminell seien. Anschaulich macht das ein Flugblatt der rechtsextremen DVU, welches in Brandenburg verteilt wurde (s. nächste Seite).

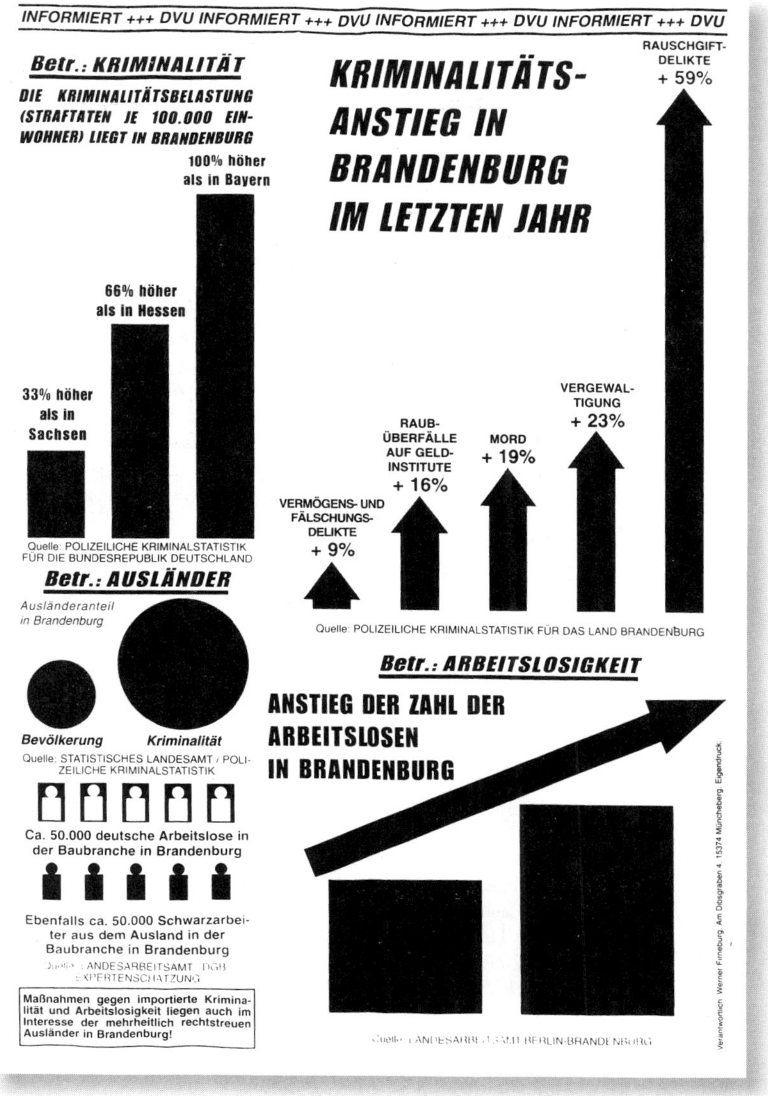

DVU-Flugblatt

Auch Adel schützt nicht davor, Stammtischparolen zu verkünden – wieso sollte er auch? So erhielt die Parole „Neger sind gut im Bett“ eine fürstliche Zustimmung:

Gloria von Thurn und Taxis

Die Regensburger Fürstin (41) wird nach ihren Äußerungen über den angeblichen Zusammenhang zwischen dem Sexualleben von Afrikanern und der Aids-Seuche scharf kritisiert. Sie hatte in der ARD-Talkshow „Friedman“ Schwarzen unterstellt, dass sie besonders viel „schnackseln“, ein bayerischer Begriff für „Sex haben“. Deswegen gebe es in Afrika so viele Aidskranke. Auf Friedmans Einwand, der Weiße „schnacksele“ doch auch gerne, antwortete sie, dass man da, wo es wärmer sei, „aber noch lieber schnackselt“. Das gelte somit auch für Italiener. Michel Friedman nannte Glorias Äußerungen in der *Münchner Abendzeitung* „unerträglich und unverantwortlich“. In mehreren Umfragen wurden Glorias Äußerungen als „diskriminierend“ und „dummes Vorurteil“ kommentiert.[36]

Anmerkungen

1 Wilhelm Heitmeyer: Gruppenbezogene Menschenfeindlichkeit. Gesellschaftliche Zustände und Reaktionen in der Bevölkerung aus 2002 bis 2005, in: Deutsche Zustände, Folge 4, hrsg. von Wilhelm Heitmeyer, Frankfurt/M. 2006, S. 21ff.

2 Ebd., S. 28 ff.

3 Wilhelm Heitmeyer/Aribert Heyder: Autoritäre Haltungen. Rabiate Forderungen in unsicheren Zeiten, in: Deutsche Zustände, Folge 1, hrsg. von Wilhelm Heitmeyer, Frankfurt/M. 2002, S. 59ff.

4 Ebd., S. 59

5 Ebd., S. 60

6 Ebd., S. 21

7 Heitmeyer: Gruppenbezogene Menschenfeindlichkeit, a.a.O., S. 33

8 Rechte wählen auch SPD. Studie zum rechtsextremen Potenzial in Berlin und Brandenburg, in: Frankfurter Rundschau v. 24./25.3.2005, S. 4

9 Siehe zum Thema „Populismus“ das entsprechende Heft der Wochenschau Sek. II 1/2005

10 Wilhelm Heitmeyer: Gruppenbezogene Menschenfeindlichkeit. Die theoretische Konzeption und empirische Ergebnisse aus den Jahren 2002, 2003 und 2004, in: Deutsche Zustände, Folge 3, hrsg. v. W. Heitmeyer, Frankfurt/M. 2005, S. 15f.

11 Klaus Ahlheim/Bardo Heger: Der unbequeme Fremde. Fremdenfeindlichkeit in Deutschland – empirische Befunde, Schwalbach/Ts. 1999, S. 28

12 Ebd., S. 38

13 Ebd., S. 44
14 Ebd., S. 29
15 Ebd., S. 35
16 Heitmeyer, a.a.O., (Anmerkung 1), S. 31
17 Wolfgang Gessenharter: Rechtsextremismus, in: Martin Greiffenhagen/Sylvia Greiffenhagen/Rainer Prätorius (Hrsg.): Handwörterbuch zur politischen Kultur der Bundesrepublik Deutschland, Opladen 1981, S. 399
18 Potsdamer greifen Asylbewerber an, in: Frankfurter Rundschau, 9.8.2005, S. 4
19 Die Frankfurter Rundschau und der Berliner Tagesspiegel haben jeden einzelnen Fall genau dokumentiert. „Den Opfern einen Namen geben", in: Frankfurter Rundschau, 23.9.2000.
20 Michael Fichter/Richard Stöss/Bodo Zeuner: Moral allein reicht nicht. Schlussfolgerungen des Forschungsprojekts „Gewerkschaften und Rechtsextremismus", in: Frankfurter Rundschau, 28.6.2005, S. 9
21 Wilhelm Heitmeyer: Gesellschaftliche Desintegrationsprozesse als Ursachen von fremdenfeindlicher Gewalt und politischer Paralysierung, in: Aus Politik und Zeitgeschichte 2-3/1993, S. 5
22 Partei-Programm der DVU, in: http://www.duvu-berlin.de/programm.htm (aufgerufen am 16.2.2001)
23 Toralf Staud: Moderne Nazis. Die neuen Rechten und der Aufstieg der NPD, Köln 2005, S. 15
24 Christoph Butterwegge: Entschuldigung oder Erklärung für Rechtsextremismus, Rassismus oder Gewalt?, in: Christoph Butterwegge/Georg Lohmann (Hrsg.): Jugend, Rechtsextremismus und Gewalt. Analysen und Argumente, 2. Aufl., Opladen 2001, S. 13-36
25 Ebd., S. 36
26 Einfach! Kurz! Bedrohlich!. Alle rätseln, was Politiker wie Jörg Haider so erfolgreich macht. Dabei hält sich der Demagoge nur an ein paar einfache Regeln. Ein Leitfaden, in: Die Zeit, 29.6.2000, Leben, S. 7 (gekürzt).
27 Oskar Lafontaine, zit. nach „Oskars Ruhmestaten", in: Der Spiegel 29/2005, S. 40
28 Jörg Lau: Oskar Haider. Die verbalen Ausfälle Lafontaines haben Methode, in: Die Zeit 26/2005 (23.6.2005), S. 7
29 Markus Feldenkirchen: Der rote Panther, in: Der Spiegel 27/2005, S. 44
30 Richard Schröder: „Oskars Ruhmestaten", in: Der Spiegel 29/2005, S. 40
31 „Wir überlassen Hartz IV nicht den Rechten. Der ehemalige SPD-Chef Oskar Lafontaine über die Absicht seiner neuen Linkspartei, der NPD Konkurrenz zu machen", in: Frankfurter Rundschau, 5.7.2005, S. 2
32 Die Zeit. Das Lexikon in 20 Bänden, Band 5, Hamburg 2005, S. 146
33 Ist „rechts", wer „Fremdarbeiter" sagt?, in: Frankfurter Rundschau, 2.7.2005, S. 5 (Zitat aus diesem Artikel)
34 Ebd.
35 Schönbohms Kritik empört den Osten, in: Rheinische Post, 5.8.2005, S. 1
36 Frankfurter Rundschau, 12.5.2001

6. Wo kommen die Stammtischparolen her?

In unverfänglich erscheinender Literatur stößt man mitunter auf Stellen, bei denen man sich die Augen reibt. Wer hätte gedacht, dass sich in *Wilhelm Buschs* Geschichte von „Plisch und Plum“ diese Beschreibung eines Juden findet?

Wilhelm Busch beschreibt einen Juden:

„Kurz die Hose, lang der Rock,
Krumm die Nase und der Stock,
Augen schwarz und Seele grau,
Hut nach hinten, Miene schlau –
So ist Schmulchen Schievelbeiner.
(Schöner ist doch unsereiner!)“[1]

Mit diesem wenig schmeichelhaften Bild wird „Schmul“ in einen der Streiche der beiden Hunde Plisch und Plum eingeführt. Ein bekanntes Vorurteil wird in Reimform erzählt: der krummbeinige, hässliche, verschlagene Jude. ... Solche Vorurteile sind weit verbreitet.

Erstaunlich ist, dass Vorurteile besonders dort im Umlauf sind, wo die Adressaten dieser Vorurteile gerade nicht häufig auftreten. Der Antisemitismus konnte und kann ohne Juden offensichtlich besonders stark auftrumpfen. Und Fremdenfeindlichkeit ist in Deutschland gerade da präsent, wo es die wenigsten Ausländer gibt. Zur Erinnerung: „In den neuen Bundesländern sind einerseits fremdenfeindliche Einstellungen besonders weit verbreitet – am stärksten in Sachsen-Anhalt, wo (...) jeder zweite (!) Befragte als ‚deutlich‘ oder ‚stark‘ fremdenfeindlich gelten kann –, andererseits fällt der Ausländeranteil – mit Quoten zwischen 1,2 Prozent in

Thüringen und 2,4 Prozent in Brandenburg – in den neuen Bundesländern erheblich geringer aus als in den alten. Umgekehrt gehört etwa das Land Hamburg, das mit 16,9 Prozent den bundesweit höchsten Ausländeranteil aufweist, zu den Bundesländern mit der geringsten Fremdenfeindlichkeit.“[2]

Mester

6.1 Ein Experiment wirft Fragen auf

In den USA führte der amerikanische Psychologe *Gordon W. Allport*[3] in den 40er Jahren des 20. Jahrhunderts das folgende Experiment durch: Er zeigte einem Auditorium ein Dia, das eine Szene in einer U-Bahn wiedergab: Ein schwarzer und ein weißer Mann stehen sich gegenüber, auf den Bänken im Waggon sitzen weitere Menschen. Der Schwarze ist mit Anzug, Krawatte und Hut bekleidet. Der Weiße trägt eine Arbeitskluft, in seinem Gürtel steckt ein messerähnliches Werkzeug. Der Weiße redet mit erhobenem Zeigefinger auf den Schwarzen ein, der hält beide Arme nach unten.

Nachdem das Dia gezeigt wurde, kommt eine Versuchsperson, die das Bild nicht gesehen hat, herein und erhält vor versammeltem Publikum 20 detaillierte Informationen über die Abbildung. Nun übermittelt diese Person das weiter, was sie gehört hat. Die so informierte zweite Versuchsperson berichtet dann einem dritten Probanden usw. Aufsehen erregend ist, was am Ende, nach mehreren hundert Durchläufen, herauskam. Denn dann hatte in über der Hälfte der Berichte der Schwarze das Messer in der Hand, in vielen Fällen bedrohte er damit den Weißen.

Bei diesem Experiment und diesem Ergebnis drängt sich die Frage auf, wieso es zur völligen Umdrehung des ursprünglichen Vorgangs kommen konnte. Warum werden von Versuchsperson zu Versuchsperson die Bilder so dargestellt, dass sie mit der gezeigten Wirklichkeit nicht mehr übereinstimmen, sie sogar völlig auf den Kopf stellen?

Eine Antwort liegt in dem Phänomen begründet, dass Menschen mit Vorurteilen leben. Mehr noch: Menschen brauchen ihre Vorurteile, denn „Vorurteile halten warm“[4]. Daher werden sie gehegt und gepflegt und wehe, wenn sie in Frage gestellt werden! Allports Experiment zeigt, dass wir offensichtlich alle mehr oder weniger nach dem Motto verfahren: „Wenn die Wirklichkeit mit unseren Vorstellungen nicht übereinstimmt, um so schlimmer für die Wirklichkeit.“

Mit den Stammtischparolen hat das sehr viel zu tun. Denn was sind Stammtischparolen anderes als in Worte gefasste Vorurteile? Daher sollen im Folgenden Herkunft, Hintergrund und Wirkung von Vorurteilen erläutert werden.

6.2 Vorurteile sind alte Bekannte

Vorurteile sind längst bekannte Begleiter der Menschen. Schon die philosophischen Klassiker haben sich mit ihnen auseinander gesetzt. Die Erkenntnis, dass menschliche Urteile oft nicht rational begründet und gefällt, sondern von Unwissen,

Täuschungen und Gefühlen geleitet werden, ist ein Thema der Aufklärung, ihrer Vorläufer und Nachfolger.

Der Empiriker *David Hume* (1711 – 1776) stellte fest: „Es gibt eine Art von stumpfsinnigem unwissenschaftlichem Skeptizismus (...), welche der Menge ein allgemeines Vorurteil eingibt gegen alles, was sie nicht leicht versteht (...).“[5] Also: Schwierig einzusehenden Erkenntnissen stehen viele mit Vorbehalten gegenüber – sicherlich, weil es einfacher ist, als den Verstand einzusetzen.

Pierre Bayle (1647 – 1706), Skeptiker und Vertreter der französischen Aufklärung, zeigte, dass es einen sozialen Druck gibt, der Meinungskonformität erzeugt. Die Gründe für ihre Wirkung liegen in der Angst, als Außenseiter oder Querulant zu gelten: „Endlich treibt uns die Not, dass man das glaubt, was alle Welt für wahr hält, weil man sonst befürchten müsste, man möchte für einen Störenfried gehalten werden, der für sich allein mehr wissen wollte als alle anderen (...).“[6] Vorurteile abzulegen erfordert also auch Mut.

Auch *Jean-Jacques Rousseau* (1712 – 1778), der Aufklärer, wusste, wem die Vorurteile dienen: „Immer ist es das Vorurteil, das in unseren Herzen die Heftigkeit der Leidenschaften schürt. Wer nur sieht, was ist, und nur bewertet, was er kennt, verliert auch nicht den Kopf. Die Irrtümer unserer Urteile erzeugen die Heftigkeit aller unserer Begierden.“[7] Vorurteile sind Fehlurteile, die starke Emotionen am Leben halten – deswegen haben sie auch eine hartnäckig lange Dauer.

Und natürlich wusste auch schon *Immanuel Kant* (1724 – 1804), der „Alleszermalmer“ (Moses Mendelssohn), wie ein Vorurteil zustande kommt: „Da es eben sowohl ein dummes Vorurteil ist, von vielem, was mit einigem Schein der Wahrheit erzählt wird, ohne Grund nichts zu glauben, als von dem, was das gemeine Gerücht sagt, ohne Prüfung alles zu glauben.“[8] Das Vorurteil braucht keinen Grund, keine Prüfung – das Gerücht, d.h. die durch Massenmeinung in Umlauf gebrachte Ansicht fundiert und festigt es.

Und schließlich sei noch der Vertreter des deutschen Idealismus, *Johann Gottfried Herder* (1744 – 1803), zitiert, denn er wies klar auf die Gefahren der Vorurteile hin: „Scheinwahrheit, starres Vorurteil, herrschende Lüge, träge Lust, vernunftlose Willkür verirren unser Geschlecht.“[9]

Gero

Hinter allen diesen zitierten Definitionen steht aber auch eine optimistische Erwartung, nämlich dass mit Verstand und Bewusstwerden den Vorurteilen auf die Schliche zu kommen ist.

6.3 Von der „Natur des Vorurteils“

Das Interesse an dem Zustandekommen und der Wirkung von Vorurteilen scheint immens zu sein. Gibt man bei Google das Stichwort „Vorurteile“ ein, erhält man 1.110.000 Hinweise auf Seiten im Internet.[10] Da hier nicht der Platz ist, die Vielzahl der Ansichten und Aspekte angemessen aufzuarbeiten – sofern dieses überhaupt möglich ist –, soll sich diesem Thema nur beispielhaft und mit der Perspektive zugewandt werden, welchen Erkenntnisgewinn es für den Umgang mit den Stammtischparolen hat.

Eine der bedeutendsten Arbeiten stammt von *Gordon W. Allport* (1897 – 1967), einem renommierten Harvard-Professor, dessen 1954 erschienenes Buch „Die Natur des Vorurteils" eine Fülle von Erklärungen und Fakten enthält.[11]

Vorurteile sind nach Allport durchaus charakteristisch für den Menschen und nur schwer zu korrigieren: „Jemand hat mal gesagt, es sei leichter, ein Atom zu zertrümmern als ein Vorurteil."[12] Und: „Kein Winkel der Welt ist frei von Gruppen-Vorurteilen. Gefesselt an unsere jeweiligen Kulturen sind wir alle (...) Bündel von Vorurteilen."[13]

Vorurteile sind hartnäckig: Es „spricht sehr viel dafür, dass wir uns die Grundlagen unserer Vorausurteile erhalten. Es ist weniger anstrengend und, wichtiger noch, unsere Vorausurteile werden von unseren Freunden und Kollegen geteilt und unterstützt."[14] Vorurteile sind Vor-Urteile oder – wie sie Allport pointiert benennt – Vorausurteile. Einen ihrer Gründe haben sie im anheimelnden Gleichklang mit der sozialen Umgebung.

Wie ist das Vorurteil zu erklären? „Vielleicht lautet die kürzeste aller Definitionen des Vorurteils: *Von anderen ohne ausreichende Begründung schlecht denken.* Diese knappe Formulierung enthält die beiden wesentlichen Elemente aller einschlägigen Definitionen: den Hinweis auf die Unbegründetheit des Urteils und den Gefühlston."[15]

Diese Definition lässt jedoch außer Acht, dass es nicht nur negative, sondern auch positive Vorurteile gibt. Das – so Allport – ist sicherlich wichtig, aber Experimente zeigen auch, dass es wesentlich mehr negative als positive „ethnische Vorurteile" gibt[16], also Vorurteile gegen Angehörige eines Volkes oder Mitglieder einer Kultur. Daher ist es gerechtfertigt, sich bei der weiteren Betrachtung den Voreingenommenheiten gegen ethnische Gruppen zuzuwenden. Nach dieser Relativierung kommt Allport zu der folgenden Definition: „Ein ethnisches

Vorurteil ist eine Antipathie, die sich auf eine fehlerhafte und starre Verallgemeinerung gründet. Sie kann ausgedrückt oder auch nur gefühlt werden. Sie kann sich gegen eine Gruppe als ganze richten oder gegen ein Individuum, weil es Mitglied einer solchen Gruppe ist.“[17]

Vorurteile haben keinen einfachen Entstehungsgrund, sie haben eine „mehrfache Verwurzelung“[18]: Erklärbar sind sie z.B. aus der Geschichte, den sozio-kulturellen Gegebenheiten einer Gesellschaft, der Psychologie der Menschen – vor allem wenn sie Frustrationen erfahren haben.[19]

Allport spricht auch von „Kategorien“, unter denen Vorstellungen miteinander verbunden und eingeordnet werden[20]. Sie schaffen Sicherheit: „Wie Pfade durch den Urwald stiften sie Ordnung in unserem Lebensraum.“[21] Diese Sicherheit muss immer wieder organisiert werden. Wenn z.B. neue Erfahrungen aufkommen, die den Kategorien widersprechen, „so werden die Erfahrungen (durch Selektion, Akzentuierung und Interpretation) verändert, bis sie die Kategorien zu bestätigen scheinen.“[22] Eine besonders bewährte Methode ist, „zweiwertige Kategorien“ zu bilden, „besonders solche, die alle Objekte in einer Kategorie für gut oder schlecht erklären“[23]. Für ein vorurteilsbehaftetes Bewusstsein sind „monopolisti-

Renate Alf

sche, undifferenzierte, zweiwertige und starre Kategorien" charakteristisch.[24]

Vorurteile sind nicht nur gedankliche Produkte und Ideengespinste. Wenn das so wäre, dann würden sich die mit ihnen verbundenen Schwierigkeiten in Grenzen halten – die Menschen würden ihr durch Vorurteile hervorgerufenes Unbehagen intern ausgleichen. Aber Vorurteile werden ausagiert: „Jede negative Einstellung neigt dazu, sich irgendwann und irgendwo auch in Handlungen auszudrücken."[25] Allport nennt die folgende Skala von immer stärker werdenden Handlungsmöglichkeiten: 1. Verleumdung, 2. Vermeidung (des Kontaktes), 3. Diskriminierung, 4. körperliche Gewaltanwendung, 5. Vernichtung.[26]

Wo kommen die Vorurteile her? Eine wesentliche Ursache liegt in der Erziehung eines Kindes. Allport gibt Belege für den „Nachweis, dass kindliche Vorurteilshaftigkeit mit Erziehungsstilen zusammenhängt"[27]. Eine „strenge Familienatmosphäre" ist für die Entwicklung von Vorurteilen „entschieden verantwortlich"[28]. Das Fazit: „Ohne die vorliegenden Beweise zu überdehnen, kann man annehmen, dass Kinder, die zu hart behandelt werden, zu streng bestraft oder unentwegt kritisiert werden, mehr dazu neigen, Persönlichkeiten zu entwickeln, bei denen Gruppenvorurteile eine herausragende Rolle spielen. Entsprechend entwickeln Kinder aus entspannten und sicheren Elternhäusern, die liberal und liebevoll erzogen wurden, wahrscheinlich mehr Toleranz."[29]

Vorurteile sind also nicht „naturgegebene", sondern erlernte und erworbene Denkmuster: „Kein Kind wird mit Vorurteilen geboren. Seine Vorurteile sind immer erworben."[30]

Das gibt Hoffnung für ein Dagegenhalten am Stammtisch. Denn wenn Vorurteile erlernt worden sind, dann können sie sicherlich auch „verlernt" werden. Wenn Vorurteile in bestimmten sozialen Strukturen gebildet werden[31], dann können sie durch andere soziale Begegnungen auch irritiert und erschüttert werden. Diese Vermutung wird von Allport gestützt, beispielsweise indem er beweist, „dass Bekanntschaften mit Mitgliedern und Wissen über Minderheiten tolerante und freundliche Einstellungen verstärken“[32]. Begegnungen und Kontakte mit Angehörigen der Gruppen, die mit Vorurteilen belegt sind, „erzeugen ein besseres Wissen über Minderheiten und können so zur Verminderung von Vorurteilen beitragen“[33]. Somit können auch Stammtischparolen, die ja in Worte gefasste und zum Ausdruck gebrachte Vorurteile sind, in Frage gestellt oder gar erschüttert werden.

Und noch eine Erkenntnis Allports gibt den Optimisten Auftrieb, die sich mit Informationen und Argumenten wappnen, um sie den Parolenvertretern entgegen zu halten: „Wir müssen zugeben, dass die reine Information weder die Einstellung noch das Verhalten notwendig verändert. (...) Zugleich haben wir keinerlei Beweise, dass gute Tatsacheninformation in irgendeiner Weise schadet. Vielleicht braucht ihre Wirkung längere Zeit und treibt doch langsam Keile von Zweifel und Unbehagen in die Stereotype des Vorurteilsbehafteten. (...) Tatsachen sind vielleicht nicht genug, aber dennoch sind sie unentbehrlich.“[34]

6.4 Natur erzeugt keine Vorurteile

Während Allport von der „Natur des Vorurteils“ schreibt – ohne dabei soziale Ursachen wie z.B. die Erziehung zu übersehen –, richtet *Max Horkheimer* (1895 – 1973) den Blick darauf, wie der Alltag und die „Zivilisation“ Vorurteile entstehen lassen. Im Jahr 1961 hatte er in der „Frankfurter Allgemeinen Zeitung“ einen Beitrag veröffentlicht, der anschließend häufig zitiert und diskutiert wurde.[35] Der Ausgangspunkt: „Die Verhaltensweisen der Individuen in den Situationen des Alltags haben auf Grund von bruchstückhaftem Wissen sich eingeschliffen, sind Reaktionen aus Vorurteilen. Im Dschungel der Zivilisation reichen angeborene Instinkte noch weniger aus als im Urwald. Ohne die Maschinerie der

Vorurteile könnte einer nicht über die Straße gehen, geschweige denn einen Kunden bedienen."[36]

Das Vorurteil kann jedoch eine Verbindung eingehen mit „dunkleren Trieben": „Machtgier, Neid, Grausamkeit."[37] Da die Zivilisation von Kindheit an Anpassung verlangt, fordert sie auch „die schmerzhafte Bewältigung chaotischer Regungen"[38]. Das Vorurteil erhält so eine Funktion. Das „Vorurteil des Hasses" gestattet es dem Menschen, „schlecht zu sein und sich dabei für gut zu halten"[39]. Das geschieht durch die gesellschaftliche Indienstnahme des Vorurteils. Hier kommen die Aufwiegler, Verleumder und Brandstifter ins Spiel: „Zum Geschäft der Demagogen gehört es, edle Losungen zu finden, die zugleich der Feindschaft ein Objekt versprechen. Von den kleinen Gerüchtemachern, die im Namen des Anstands und der Solidarität das Komplott gegen Neger und Fremde anzetteln, bis hinauf zu den planvoll ungebärdigen Führern, die das Vorurteil durch Hass zur explosiven Gemeinschaft zusammenschweißen, zieht sich die Reihe der Agenten des Unheils, die den Anfälligen den gewünschten Vorwand liefern."[40]

„Wir können und dürfen nicht vergessen, dass unsere Heimat immer deutsch war und bleiben wird!"
Zeichung: Kurt Halbritter

Was so an Gerüchten und Bezichtigungen geschürt werden kann, „ist vielen recht, vor allem wenn zur seelischen Verbitterung ein wirtschaftlicher Rückgang kommt. Natur erzeugt den Kollektivhass nicht".[41] Als Belege bietet Horkheimer einige Beispiele aus Studien über Rassenvorurteile in Amerika an.

Die Gründe für die Zähigkeit der Vorurteile liegen in der gesellschaftlichen Entwicklung: „Anstatt, dass die Bedingungen für den autoritären Charakter geschwunden sind, haben sie sich überall vermehrt. Der vielbesprochene Rückgang der Familie, die Not in überbesetzten Schulen sind nicht geeignet, autonomes Denken, Phantasie, die Lust an geistiger Tätigkeit zu entwickeln, die nicht zweckgebunden ist. Das Wachstum der Bevölkerung, die Technik selber zwingen die Menschen innerhalb und außerhalb der Arbeitsstätte, in der Fabrik und im Verkehr, auf Zeichen zu achten, in gewisser Weise selbst zum Apparat zu werden, der auf Signale reagiert."[42] Das aber fördert nicht die innere Freiheit.

Der von Horkheimer beschriebene Mensch ist in die Zivilisation eingebunden, seine aggressiven Tendenzen werden in negative Vorurteile übergeführt. Sie entlasten und bauen auf, bieten eine Entschädigung für die ständigen Anpassungsleistungen und Ängste, für die Konditionierungen und das Kleinmachen. Die Stammtischparolen haben hier einen Grund, der in die psychische und soziale Verflochtenheit der Gesellschaft hinein führt. Das ist erhellend und erklärend, aber macht auch ein wenig mutlos. Wie kann gegen eine so tief verwurzelte Vorurteilsstruktur noch argumentiert werden?

In der Tat macht da Horkheimer wenig Hoffnung: „Gegen die starren Vorurteile zu argumentieren, ist eitel. Sie degradieren den einzelnen dazu, in dem Allgemeinbegriff, unter den sie ihn befassen, als autonomes Wesen unterzugehen, und die Sätze, die den Allgemeinbegriff bestimmen, stehen fest: ‚Das ist ein Jude', ‚Das ist ein Zigeuner', ‚Die Art kennen wir', ‚Jeder Deutsche ist ein Nazi', ‚Den Amerikanern fehlt die tiefere Kultur'. Das Tor ist geschlossen gegen alles, was

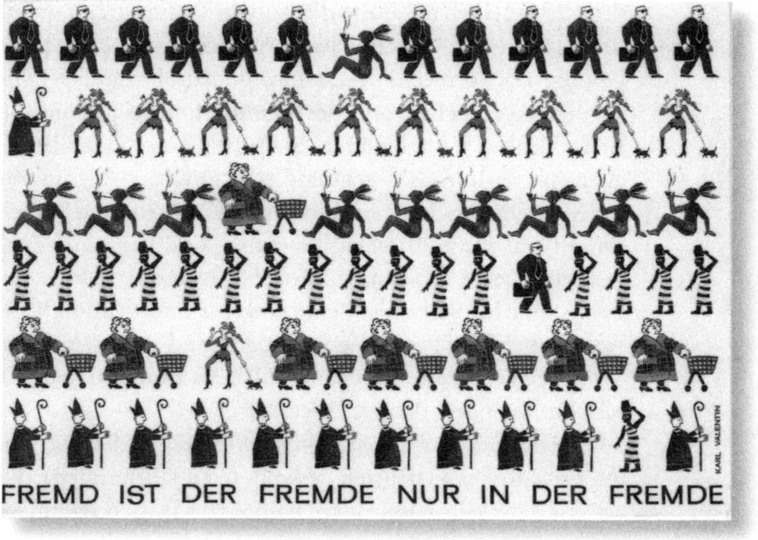

Fremd ist der Fremde nur in der Fremde (Postkarte)

der andere auszudrücken vermag. Er gilt nicht mehr als ein Wesen, mit dem umzugehen und zu sprechen vielleicht ein Vehikel der Wahrheit ist.“[43]

Und: „Wenn die Wahrheit das Ziel ist, dem das Denken, wie einst Kant es meinte, in unendlichem Prozess sich nähern soll, hat es im verhärteten Urteil ihr schwerstes Hindernis.“[44]

Aber für diejenigen, die Widerspruch gegen platte Parolen einlegen wollen, muss die Auskunft Horkheimers keineswegs niederschmetternd sein. Denn seine Analyse weist auf folgende Kernaussagen hin: 1. Vorurteile sind nicht naturgegeben. 2. Vorurteile sind gesellschaftsbedingt. 3. Aber auch die Gesellschaft ist nicht von einer „höheren Gewalt“, etwa von „der Natur“, in die Welt gesetzt worden. An ihrem Zustandekommen und ihren Konventionen und Gepflogenheiten, ihren Ideologien und vorherrschenden Denkmustern sind Menschen beteiligt. 4. Einsprüche in der Öffentlichkeit sind Bestandteile der sozialen Kommunikation und Verständigung der Mitglieder „der Gesellschaft". Sie wirken mit im Kräfteparallelogramm der öffentlichen Meinung; jede und jeder kann da einen Teil beitragen. 5. Vorurteile und Stammtischparolen sind nicht nur auf der Ebene der Rhetorik, der Meinung und der persönlichen Befindlichkeit zu betrachten. Sie geben Aufschluss über die auch (partei-)politisch genutzte oder nutzbare Aggressivität der Menschen in einer Gesellschaft. 6. Vorurteile und Sprüche fordern auf zur politischen Bewertung und Reaktion. 7. Da Vorurteile eine „Tiefenstruktur" haben folgt: Befreie dich von Allmachtsphantasien, eine einzelne Intervention hebelt wohl kaum lange vorher entstandene und durch komplexe Vorgänge verankerte Vorurteile auf. (Das kann übrigens eine sehr entlastende Erkenntnis sein.)

Der Historiker *Theodor Mommsen* (1817 – 1903) war einer der ganz großen Gelehrten des vorletzten Jahrhunderts. Von 1879 – 1881 gab es eine heftige Auseinandersetzung um den Antisemitismus; bekannt geworden auch als „Berliner Antisemitismusstreit"[45]. Mommsen war entschiedener Kritiker des Antisemitismus. Aber am Ende des Streites (1893) vertrat Mommsen die Ansicht, dass man gegen den Antisemitismus doch nichts ausrichten könne:

„Auf Argumente hört kein Antisemit"

„Sie täuschen sich, wenn Sie annehmen, dass überhaupt etwas durch Vernunft erreicht werden könnte. In den vergangenen Jahren habe ich das selbst geglaubt und fuhr fort gegen die ungeheuerliche Niedertracht des Antisemitismus zu protestieren. Aber es ist nutzlos, völlig nutzlos. Was ich oder jemand anders Ihnen sagen könnte, sind in letzter Linie Argumente, logische und ethische Argumente, auf die kein Antisemit hören wird. Sie hören nur ihren eigenen Hass und Neid, ihre eigenen niedrigsten Instinkte. Alles andere zählt für sie nicht. Sie sind taub für Vernunft, Recht und Moral. Man kann sie nicht beeinflussen. (...) Es ist eine fürchterliche Epidemie wie die Cholera – man kann sie weder erklären noch heilen. Man muss geduldig warten, bis das Gift sich selbst aufgezehrt und seine Virulenz verloren hat."[46]

Das Warten auf ein Ende der „Epidemie“ war nicht das geeignete Mittel, um die schlimmsten Exzesse des Antisemitismus zu verhindern. Resignation, Fatalismus und intellektueller Verzicht bewegen nichts. Entsprechendes gilt für den Stammtisch. Die dort – oder an den analogen Orten – versammelte Gruppe verstärkt gemeinsam ihre Vorurteile. Das Sprücheklopfen am Stammtisch ist kein Ventil, das befreit, im Gegenteil: „(...) Die Forschung hat gezeigt, dass, wenn Männer gemeinsam frauenverachtende Sprüche klopfen, ihre Vorurteile gegen Frauen nicht abnehmen, sondern stärker werden.“[47] Da aber Vorurteile nicht angeboren sind, sondern erlernt werden, können sie im Laufe des Lebens verändert werden.[48] Warum sollte nicht der Widerspruch am Stammtisch ein Anlass dazu sein?

6.5 Warum gegenteilige Informationen vermieden werden

Jeder kennt das Phänomen: Morgens zum Frühstück wird vorzugsweise die Zeitung gelesen, die der eigenen Meinung am ehesten entspricht. Und die Rundfunk- oder Fernsehkommentare werden überhört, beschimpft oder gar ausgeschaltet, mit denen man ganz und gar nicht übereinstimmt. Vorzugsweise suchen Menschen solche Informationen, die ihr bereits vorhandenes (Vor-)Urteil unterstützen. Widersprüche schaffen Spannungen und die sind unerwünscht. Und am liebsten ist der Kontakt mit denjenigen, die gleicher Meinung sind. („Gleich und gleich gesellt sich gern.“)

Diesen für jeden und jede nachvollziehbaren Alltagserfahrungen ist der US-amerikanische Sozialpsychologe *Leon Festinger* (1919 – 1989) auf den Grund gegangen. Über viele Jahre hinweg beschäftigte er sich damit, wie Menschen mit der Wahrnehmung von Unstimmigkeiten umgehen. Wie verarbeiten sie Widersprüche zu ihren bisherigen Meinungen, die durch gegenteilige Informationen, Ansichten und

Meinungen zustande kommen? Festinger entwickelte eine „Theorie der kognitiven Dissonanz“[49]; an ihr hatte er zwei Jahrzehnte lang gearbeitet.

Ausgangspunkt ist die Feststellung, dass eine Nachricht, Information oder Argumentation, die im Widerspruch steht zu einer eigenen Erkenntnis, eine kognitive Dissonanz bewirkt. Eine Dissonanz ist „psychologisch unangenehm“[50], sie erzeugt einen Druck. Daher wird eine Person bestrebt sein, sie zu reduzieren. Das kann dadurch geschehen, dass sie versucht, „aktiv Situationen und Informationen (zu) vermeiden, die möglicherweise die Dissonanz erhöhen könnten“[51]. Oder die Person sucht konsequent nach Informationen, die mit der bereits eingenommenen Haltung bzw. Einstellung konsistent (stimmig) sind. Personen, die eine eigene Meinung nicht akzeptieren, „stellen (...) eine potentielle Quelle für Dissonanz“[52] dar.

Wie Festinger herausgefunden hat, gibt es eine Reihe von Strategien, um Dissonanz zu vermeiden: „Besteht Dissonanz, so werden Personen imstande sein, sich dem Einfluss der dissonanzverstärkenden Information, auch wenn sie ihnen for-

Til Mette

cierterweise ausgesetzt sind, durch verschiedene Mittel, wie z.B. Fehlwahrnehmung, Infragestellung ihrer Gültigkeit und dergleichen, zu entziehen."[53]

„Mit Sicherheit"[54] entsteht eine kognitive Dissonanz, wenn in einer Gruppe über Streitfragen und Ansichten unterschiedliche Meinungen vorhanden sind. Wie stark dieses spannungsvolle Gefühl der Unstimmigkeit ist, hängt auch davon ab, wie groß die Anzahl derjenigen ist, von denen man weiß, dass sie mit der selbst vertretenen Meinung übereinstimmen. Sind es viele, ist die Stärke der Dissonanz relativ gering. Auch „die Attraktivität der Person, mit welcher Nichtübereinstimmung besteht, oder die der Gruppe, in der sie geäußert wird"[55], beeinflussen die Stärke der Dissonanz. Festinger hat herausgefunden, „dass in Gruppen mit hoher Attraktivität häufiger Änderungen der Meinung vorgenommen wurden als in Gruppen mit geringer Attraktivität"[56]. Daher wird „eine Person bei Vorhandensein von Dissonanz häufig versuchen (...), für die Meinung, die sie beizubehalten wünscht, soziale Unterstützung zu erhalten. Erhält sie soziale Unterstützung, wird die Dissonanz entscheidend reduziert und vielleicht sogar beseitigt werden"[57].

Wie diese Dissonanzvermeidungsstrategie aussehen kann, soll am Beispiel einer Stammtischparole gezeigt werden:

Einstellung: „Die Ausländer nehmen uns die Arbeitsplätze weg."

Dissonanzerzeugende Information: Es sind mehr Ausländer von Arbeitslosigkeit betroffen als Deutsche. Die Arbeitslosenquote bei den in Deutschland lebenden Ausländern betrug 2004 20,1%, die Arbeitslosenquote in Deutschland insgesamt lag bei 11,7%.[58] Wie passt das mit der Behauptung zusammen, die Ausländer würden den Deutschen die Arbeitsplätze wegnehmen?

Dissonanzvermeidung 1: Abwehr: „Hast du diese Statistik dabei?"

Dissonanzvermeidung 2: Infragestellen der Glaubwürdigkeit: „Ja, ja, trau keiner Statistik, die du nicht selbst gefälscht hast."

Dissonanzvermeidung 3: Gegenbeweise: „Ich habe andere Zahlen gelesen, ich werde sie zu Hause suchen."

Dissonanzvermeidung 4: Bündnispartner suchen: „Ihr seid doch auch meiner Meinung, Egon, Hans, Jessica ..."

Dissonanzvermeidung 5: Änderung der Einstellung: „Bist du da ganz sicher, das habe ich nicht gewusst. Vielleicht muss ich meine Meinung korrigieren."

Der letzte Fall wäre der ideale – der Widerspruch hätte gefruchtet. Eher aber ist auf Grund der Erkenntnisse Festingers anzunehmen, dass eine starre und rigide Meinung beibehalten wird, dass Wege gesucht (und gefunden) werden, eventuell aufkommende Verunsicherungen durch Dissonanzen gar nicht erst aufkommen zu lassen. Je fester und abgeschotteter eine Meinung ist, desto weniger kann sie verunsichert und dissonant werden.

Also stehen die Chancen schlecht, Parolenmeinungen zu erschüttern bzw. in Frage zu stellen? Das trifft vor allem dann zu, wenn nur versucht wird, sie lediglich mit gegenteiligen Informationen zu konfrontieren. Günstiger und mit Aussicht auf mehr Erfolg stellt sich die Situation aber dar, wenn es gelingt, die soziale Unterstützung des Parolenverkünders gering zu halten. Daher sei noch einmal daran erinnert, dass auch von Seiten des Widersprechenden Beistand und Zustimmung organisiert werden sollten.

Anmerkungen

1 Wilhelm Busch: Plisch und Plum, 5. Kapitel, in: Wilhelm Busch Humoristischer Hausschatz, Köln 1967, S. 84
2 Ahlheim/Heger, a.a.O., S. 30
3 Allport, G.W./Postman, L.: The Basic Psychology of Rumor, in: Maccoby/Newcomb/Hartley (Hrsg.): Readings in Social Psychology, 3. Aufl., New York 1958
4 Uthmann, a.a.O.
5 David Hume: Dialoge über die natürliche Religion (1751), in: Philosophie von Platon bis Nietzsche, in: Philosophie von Platon bis Nietzsche , Digitale Bibliothek, Berlin o.J., S. 15466
6 Pierre Bayle: Verschiedene Gedanken über einen Kometen (1683), in: ebd., S. 19959
7 Jean-Jacques Rosseau: Emil oder Über die Erziehung (1762), 7. Aufl., Paderborn 1985, S. 249 (Fußnote)
8 Immanuel Kant: Träume eines Geistersehers, erläutert durch Träume der Metaphysik (1763), in: Philosophie von (...), a.a.O., S. 23532
9 Johann Gottfried Herder: Briefe zur Beförderung der Humanität (1793 – 1797), in: ebd., S. 30655
10 aufgerufen am 29.7.2005
11 Gordon W. Allport: Die Natur des Vorurteils, Köln 1971 (Original „The Nature of Prejudice", 1954)
12 Ebd., S. 9
13 Ebd., S. 18
14 Ebd., S. 38
15 Ebd., S. 20
16 Ebd.
17 Ebd., S. 23
18 Ebd., S. 12
19 Siehe ebd., S. 214-226
20 Ebd., S. 180-186
21 Ebd., S. 185
22 Ebd.
23 Ebd., S. 186
24 Ebd.
25 Ebd., S. 28
26 Ebd., S. 28-29
27 Ebd., S. 304
28 Ebd.
29 Ebd., S. 306
30 Ebd., S. 329
31 Ebd.
32 Ebd., S. 273
33 Ebd.
34 Ebd., S. 483

35 Max Horkheimer: Über das Vorurteil, in: Max Horkheimer: Gesellschaft im Übergang, Frankfurt/M. 1972, S. 103-108 (Dieser Beitrag erschien erstmals in der Frankfurter Allgemeinen Zeitung, 20.5.1961.)
36 Ebd., S. 103
37 Ebd., S. 104
38 Ebd.
39 Ebd.
40 Ebd.
41 Ebd., S. 105
42 Ebd., S. 107f.
43 Ebd., S. 106
44 Ebd., S. 108
45 Gerhard Hoffmann: Geschichte und Ideologie: Der Berliner Antisemitismusstreit 1879/1881, in: Wolfgang Benz/Werner Bergmann: Vorurteil und Völkermord. Entwicklungslinien des Antisemitismus, Freiburg i.Br. 1997, S. 219-251
46 Theodor Mommsen, zit. nach: Horkheimer, ebd., S. 107
47 So der Vorurteilsforscher Jens Förster, in: Vorurteile erleichtern die Kommunikation, in: Neon 3/2004 (http://neon.stern.de/kat/liebe/psychologie/vorurteile/3292.html)
48 Ebd.
49 Leon Festinger: Theorie der kognitiven Dissonanz, Berlin, Stuttgart, Wien 1978
50 Ebd., S. 16
51 Ebd.
52 Ebd., S. 135
53 Ebd., S. 175
54 Ebd., S. 177
55 Ebd., S. 180
56 Ebd., S. 184
57 Ebd., S. 190
58 Arbeitslosigkeit und Sozialhilfebezug, in: AID. Integration in Deutschland 3/2004 (http://www.isoplan.de/aid/2004-3/statistik.htm)

7. Wo soll der Mut herkommen? – Zivilcourage gehört dazu

7.1 Was ist Zivilcourage?

Man stelle sich vor, die eingangs skizzierte Situation ist da: An der Ladentheke stehen die Kunden Schlange. Man selbst befindet sich im hinteren Teil und wird Zeuge des Einkaufs einer dunkelhäutigen Frau. Sie kramt ihren Einkaufs-Gutschein als Asylbewerberin hervor. Die Sprüche kommen: „Was die sich alles leisten können." „Das alles auf unsere Kosten." Zustimmung bei den anderen Wartenden macht sich breit. Oder in der Straßenbahn spät abends: Im hinteren Teil wird eine junge Frau angemacht. Beim Gespräch in der Kneipe: Wieder einmal ist die Rede davon, dass „die Ausländer" die Arbeitsplätze wegnähmen. Alle in der Straße sind sich einig: Über „Außenseiter" wird nur negativ geredet. Am Arbeitsplatz: Ein Kollege wird von der Mehrheit gemobbt ... Es gehört schon eine gehörige Portion Mut dazu, in diesen Situationen zu widersprechen. Genau das braucht man: „Mutig die persönliche Meinung sagen, sich gewaltfrei mit Andersdenkenden auseinander setzen – das ist Zivilcourage."[1]

Kurt Tucholsky, der in diesem Buch bereits mehrfach zitiert wurde, hat von den Schwierigkeiten, offen und öffentlich eine Gegenposition einzunehmen, gewusst: „Denn nichts ist schwerer und nichts erfordert mehr Charakter, als sich in offenem Gegensatz zu seiner Zeit zu befinden und laut zu sagen: Nein."[2]

Der Alltag bietet viele Möglichkeiten, Mut zu zeigen und „nein" zu sagen. Doch allzu oft werden diese Möglichkeiten nicht genutzt.

Leider keine Spur von „beherztem Eingreifen“

Zwei junge Frauen, 17 und 22 Jahre alt. Die eine stammt aus dem afrikanischen Ruanda, die andere aus Brasilien. Beide sind in Bochum Schülerinnen der Abendrealschule am Lenneplatz. Als sie an diesem sonnigen Donnerstag gegen 12.45 Uhr die Schule verlassen, werden sie, nur wenige Meter vom Schulhof entfernt, von einer Gruppe Skinheads angepöbelt und geschlagen.

„Dunkelhäutige Frauen von acht jugendlichen Skinheads überfallen“, meldet die Polizei am Tag darauf und konstatiert einen „offensichtlich ausländerfeindlichen Hintergrund“. Fünf Skinheads hätten um die beiden Schülerinnen einen Kreis gebildet, hätten sie als „Scheißkanacken“ beschimpft, während drei weitere auf die Opfer eingeschlagen, sie getreten hätten. Zwei der Schläger seien weiblich. Alle drei ließen erst ab, als „Zeugen beherzt eingreifen“, schildert die Polizei.

Doch mit dem Eingreifen war es wohl nicht weit her. Nach einigen Nachfragen korrigieren die Beamten ihre Darstellung: Die Skinheads seien wohl nur deshalb weggelaufen, weil sich immer mehr Passanten um den Kreis geschart hätten. Zum Gucken.[3]

Natürlich gibt es zahlreiche Gründe für Passivität und Wegschauen. Eine Reihe davon hat *Erich Fried* (1921 – 1988) genannt:

Gründe

Weil das alles nicht hilft
Sie tun ja doch was sie wollen

Weil ich mir nicht nochmals
Die Finger verbrennen will

Weil man nur lachen wird:
Auf dich haben sie gewartet

Und warum immer ich?
Keiner wird es mir danken

Weil da niemand mehr durchsieht
Sondern höchstens noch mehr kaputtgeht

Weil jedes Schlechte
Vielleicht auch ein Gutes hat

Weil es Sache des Standpunktes ist
Und überhaupt wem sollte man glauben?

Weil auch bei den anderen nur
Mit Wasser gekocht wird

Weil ich das lieber
Berufeneren überlasse

Weil man nie weiß
Wie einem das schaden kann

Weil sich die Mühe nicht lohnt
Weil sie alle das gar nicht wert sind

Das sind Todesursachen
Zu schreiben auf unsere Gräber

Die nicht mehr gegraben werden
Wenn das die Ursachen sind.[4]

In den letzten Zeilen nennt Fried deutliche Gegengründe für das Nichteingreifen. Sie werden auch von *Martin Niemöller* (1892 – 1984) in seiner bekannten (Rück-)Besinnung ausgesprochen:

Ich habe geschwiegen

Als die Nazis die Kommunisten holten,
habe ich geschwiegen; ich war ja kein Kommunist.

Als sie die Sozialdemokraten einsperrten.
habe ich geschwiegen; ich war ja kein Sozialdemokrat.

Als sie die Gewerkschaftler holten,
habe ich geschwiegen; ich war ja kein Gewerkschaftler.

Als sie mich holten,
gab es keinen mehr, der protestieren konnte.[5]

Es geht um Zivilcourage, doch wie ist sie zu beschreiben? „Zivilcourage sollte verstanden werden als öffentliches Handeln im Alltag, als sozialer Mut in der Lebenswelt der Bürger, als Element der Zivilgesellschaft.“[6] Diese Definition weist darauf hin, dass es bei der Zivilcourage nicht nur um persönlichen Mut geht (obgleich dieser die Voraussetzung dafür ist), sondern darum, dass diesem das Attribut „sozial“ zugeordnet wird. Zivilcourage zielt auf die Öffentlichkeit, den Alltag der Menschen und ihre Lebenswelt und trägt zum friedfertigen, kultivierten, höflichen und solidarischen Umgang in der Gesellschaft bei.

Diese Beschreibung mag noch recht allgemein klingen, deutlicher wird es, wenn Kurt Singer die folgenden Merkmale nennt:

Zivilcourage

- ist eine demokratische Tugend,
- äußert sich im Eingreifen, Sich-Wehren, Sich-Einsetzen,
- bezeichnet den Mut, öffentlich die eigene Überzeugung zu äußern,
- beginnt damit, genau hinzusehen und wahrzunehmen, was wirklich ist – statt wegzuschauen und Unrecht in Schweigen zu hüllen,
- beinhaltet den Mut, sich des eigenen Verstandes zu bedienen,
- nimmt persönliche Nachteile durch couragiertes Handeln bewusst in Kauf,
- hat politische Inhalte und Probleme zum Thema,

T. Plaßmann

- hat Aufforderungs- und Signalcharakter für die Mitbürger,
- ist gewaltfrei,
- orientiert sich an menschlichen Grundwerten und am persönlichen Gewissen,
- tritt ein für humane und demokratische Werte,
- bedeutet Übernahme von Verantwortung,
- heißt auch gegen den Strom zu schwimmen.[7]

Zivilcouragiertes Handeln verfolgt keine materiellen Interessen, sondern hat seinen Maßstab in humanen und demokratischen Prinzipien. Dafür ist der Handelnde auch bereit, Risiken einzugehen und Nachteile auf sich zu nehmen.[8]

Doch wie kann man ein solches Verhalten lernen? Die Wissenschaftler, die sich eingehend mit den Formen, Voraussetzungen und Möglichkeiten von Zivilcourage beschäftigen, schlagen Lernschritte vor, die eine deutliche Parallele zu einem sinnvollen Verhalten an den Stammtischen aufweisen:

- Hinschauen statt wegschauen.
- Die Angst annehmen.
- Sich mit seinen Wertvorstellungen kenntlich machen.
- Sich Sachverständnis aneignen.
- Persönliche Gefühle einbeziehen.
- Rückhalt und Solidarität in einer Gruppe suchen.[9]

Übertragen auf unser Thema heißt das: Hinhören, selbstbewusst und authentisch auftreten, Überzeugungen und Informationen einbringen, Unterstützung suchen (die Dabeisitzer und Zuhörer ansprechen). Was allgemein für Zivilcourage gilt, trifft auch für die Reaktion auf ein Stammtischgespräch zu:

> „Das couragierte Eingreifen – und sei es auch noch so zaghaft – stößt andere Beteiligte dazu an, ebenfalls Partei für die Bedrohten zu ergreifen. Da kann Zivilcourage ansteckend wirken, denn viele Menschen hegen den verborgenen Wunsch, sich einzumischen. (...) Die vorgelebte Anständigkeit rührt an das menschliche Gewissen und ermutigt zu couragiertem Handeln."[10]

7.2 Eigenschaften und Persönlichkeitsmerkmale

Ein zivilcouragierter, mit sozialem Mut ausgestatteter Mensch muss keineswegs über außergewöhnliche Fähigkeiten verfügen. Aber es gibt eine Reihe von Eigenschaften, die für ihn charakteristisch sind:[11] Wertorientierung, moralische Grundhaltung, Mitempfinden, Mitgefühl, Fähigkeit zum Perspektivwechsel, Sinn für Gerechtigkeit, soziale Grundhaltung, Fähigkeit zur Solidarität, Gemeinsinn, Toleranz, Hilfsbereitschaft, Selbstvertrauen, Handlungsfähigkeit, Entscheidungssicherheit, Konfliktfähigkeit, Risikobereitschaft, Verantwortungsgefühl, Bindung an Vorbilder, kommunikative Kompetenz, Wissen und Argumentationsfähigkeit ...

Und wer erwirbt wo solche Eigenschaften? Unter welchen Umständen entwickelt sich eine Persönlichkeit, die diese Merkmale aufweist?

Hinweise liefern (auto-)biografische Schilderungen von Personen, die beispielhaft sein können für Zivilcourage.

So galt der Philosoph *Karl Jaspers* (1883 – 1969) im Nationalsozialismus als „Staatsfeind", auch weil er unbeugsam zu seiner jüdischen Frau hielt. 1937 wurde er zwangsweise pensioniert, später erhielt er Publikationsverbot. Dem Transport in ein Konzentrationslager im Rahmen der „Endlösung" konnten Jaspers und seine Frau in letzter Minute entkommen. Diese Standhaftigkeit mag ihren Ursprung in frühen Erfahrungen haben.

Karl Jaspers:
„Blinden Gehorsam darf es nicht geben"

„Mein Vater (...) hat mich im Geiste der Vernunft, Verlässlichkeit und Treue durch sein Vorbild und durch seine Urteile in entscheidenden Augenblicken erzogen. Meine Mutter (...) hat meine Kindheit und die meiner Geschwister und unser weiteres Leben mit ihrer unendlichen Liebe verklärt, uns mit ihrem unbändigen Temperament ermutigt, uns mit ihrem über alle Konventionen hinausgehenden Verständnis für unsere Ziele beflügelt, mit ihrer Weisheit geborgen.

Auf dem humanistischen Gymnasium geriet ich in Konflikt mit dem Direktor. Ich sträubte mich, mir vernunftwidrig scheinenden Anordnungen in blindem Gehorsam zu folgen. Mein Vater hatte mich von früh an gewöhnt, auf meine Fragen von ihm Antworten zu erhalten und nichts tun zu müssen, dessen Sinn ich nicht eingesehen hätte, und sei es aus Ehrfurcht vor dem Gehörigen, das als solches eine Überzeugungskraft hatte. Von meinem Vater belehrt, verfocht ich den Grundsatz, dass ein Unterschied sei zwischen der Ordnung des Unterrichts und der militärischen Disziplin, die zu Unrecht in die Schule eindringe. Das sei der Geist der Opposition, erklärte mir feierlich der Direktor. Er sei meiner Familie eigen und müsse von ihm verworfen werden. Der Höhepunkt wurde erreicht, als ich mich weigerte, in eine der drei vom Direktor genehmigten Schülerverbindungen (eine Nachahmung der Studentenverbindungen) einzutreten, mit der Begründung, diese Verbindungen seien unterschieden nach sozialer Herkunft und dem Beruf der Eltern und seien nicht gegründet auf persönlicher Freundschaft. Auch die Mitschüler verwarfen, nach anfänglicher Bekundung ihres Verständnisses für mich, praktisch mein Verhalten. Als ein Freund mit mir einen Wochenausflug ins Gebirge gemacht hatte, verlangte seine Verbindung unter Drohung seines Ausschlusses, die Beziehung zu mir abzubrechen. Auf seine Frage riet ich ihm, er solle bei der Verbindung bleiben. So tat er. Der Direktor erklärte mir, die Lehrer würden ein wachsames Auge auf mich haben. Ich stand allein. Mein Vater suchte mir das Verlorene zu ersetzen. Er pachtete eine große Jagd. In dem mannigfaltigen Gelände einer herrlichen Landschaft konnte ich nach Lust meine freie Zeit verbringen.“[12]

„Ich war geborgen bei meinen Eltern. Mein Vater, unbewusst für uns, unbeabsichtigt von ihm, war uns ein Vorbild. Ohne Kirche, ohne Bezugnahme auf eine objektive Autorität, galt als das Böseste die Unwahrhaftigkeit. Und fast ebenso schlimm: blinder Gehorsam. Beides darf es nicht geben! Daher war unser Vater unendlich geduldig gegenüber meinem Widerstand. Wenn ich widersprach, kam nicht der Befehl, sondern die Begründung, warum das unvernünftig sei.“[13]

Das Erziehungsklima von Karl Jaspers war diesen Schilderungen zufolge geprägt von Vernunft, Verlässlichkeit, Vertrauen, Liebe, Wertorientierung, in dem Vater hatte er ein Vorbild.

Ein ähnliches Muster der Familie und des Erziehungsstils ist bei den Widerständlern *Hans und Sophie Scholl* (1918/1921 – 1943) zu erkennen.

Hans und Sophie Scholl: Unbeirrbar einen Weg gehen

Das Leben im Dritten Reich war für die fünf Kinder der Scholls eine vielschichtige und widersprüchliche Erfahrung. Sophie, das vierte Kind und die jüngste Tochter, hatte zu Hause immer emotionale und wirtschaftliche Sicherheit erfahren; ihre Eltern waren ein harmonisches Ehepaar. Ihr Vater, Robert Scholl, war Bürgermeister in verschiedenen kleinen Städten Schwabens gewesen, einer Gegend im Südwesten Deutschlands, die für ihren landschaftlichen Charme, die Sparsamkeit der Menschen und einen unabhängigen Geist bekannt war. Später ließ sich die Familie in Ulm nieder, wo der Vater ein eigenes Büro als Steuer- und Wirtschaftsberater eröffnete. Er war ein großer, behäbiger Mann mit festen Ansichten, die er unbedingt verkünden musste. Er hatte schon immer eine eigene Meinung vertreten, die selten mit den Ansichten der Allgemeinheit übereinstimmte. Im Ersten Weltkrieg hatte er wegen seiner pazifistischen Überzeugung als Sanitäter gedient und dabei die protestantische Krankenschwester Magdalena kennengelernt, die dann seine Frau wurde.

Frau Scholl war eine freundliche und sanfte Frau, die ihren Ehemann, ihre Kinder und ihr Heim zum Zentrum und zur Hauptaufgabe ihres Lebens gemacht hatte. Sie war – ganz im traditionellen Sinne – der Rückhalt ihres tatkräftigen und eigenwilligen Mannes. Sie versuchte, die Wogen zu glätten und den Frieden zu bewahren, denn Robert Scholl war kein Mann, der ohne weiteres die Vorurteile und Werte der ländlichen und kleinbürgerlichen Gesellschaft übernahm, in der er lebte. Auch als er in den zwanziger Jahren Bürgermeister wurde, hatte er es nicht für nötig gehalten, die lokalen Gaststätten zu besuchen, um mit den Bauern und Kaufleuten bei einem Glas Wein oder Bier zu plaudern. Als dann gegen Ende des Jahrzehnts das politische Klima immer konservativere Züge annahm, verlor er seinen Bürgermeisterposten, weil er zu liberal eingestellt war. Später, in Ulm, hielt er den Kontakt zu jüdischen Freunden und Geschäftspartnern trotz des Drucks von außen aufrecht; außerdem traf er sich mit jungen Künstlern, die wie er das neue Regime verachteten.

Es gibt einen treffenden Ausdruck für Individualisten wie Robert Scholl: *Einzelgänger*, jemand, der seinen Weg unbeirrt geht, ohne sich zu unterwerfen. In diesem Sinne erzog er auch seine Kinder; es war kein einfaches, aber ein reich erfülltes Leben. Der Preis, den er letztendlich dafür zahlen musste, war der höchste, den man von einem Vater überhaupt fordern kann.[14]

Eine feste Orientierung, Prinzipientreue, Aufforderung zur Eigenständigkeit und Liebe – das haben die Kinder der Familie Scholl erfahren.

Die US-amerikanische Psychotherapeutin und Sozialpsychologin *Eva Fogelman* ist der Frage nachgegangen, welche Hintergründe und Erklärungen es dafür gab, dass sich trotz großer Gefahren Menschen für die Verfolgten und Opfer des Nationalsozialismus eingesetzt haben und einige retten konnten. Ihr auf Interviews mit Rettern und Retterinnen basierendes Buch hat den bezeichnenden Titel „Wir waren keine Helden“[15]. Ein „Held“ muss man ja auch nicht sein, um das Selbstverständlichste zu tun, nämlich Menschen beizustehen, die unter Druck oder in Not geraten.

Was Lebensretter gemeinsam haben

„(...) eines haben sie (die Holocaust-RetterInnen) immer gemeinsam. Sie haben alle sehr ausgeprägte humanistische Wertvorstellungen. (...) Nach vielen Gesprächen mit RetterInnen wunderte es mich kaum mehr, wenn folgende prägenden Faktoren in ihrer Kindheit eine Rolle spielten: ein behütetes, liebevolles Elternhaus; ein altruistischer Elternteil oder ein liebes Kindermädchen, das als Vorbild für altruistisches Verhalten diente; Toleranz gegenüber Menschen, die anders sind; eine schwere Krankheit während der Kindheit oder der Verlust einer nahestehenden Person, wodurch die eigene Widerstandskraft auf die Probe gestellt und besondere Hilfe nötig wurde; eine verständnisvolle und fürsorgliche Erziehung zu Unabhängigkeit, Selbständigkeit und Disziplin, die nicht mit körperlichen Strafen und Liebesentzug operierte. (...) Die Eltern von RetterInnen setzten sich mit ihren Kindern darüber auseinander, was unter akzeptablem Verhalten zu verstehen ist und legten dann klare Regeln fest.“[16]

Die Lebensgeschichten der hier vorgestellten Menschen weisen auf charakteristische und markante Erfahrungen in der Kindheit und Familie hin:

„Wir können davon ausgehen, dass die Bereitschaft und Fähigkeit, sich gegen Ungerechtigkeiten zu wehren, mutig einzugreifen und sich für andere oder eine gerechte Sache einzusetzen, dann gestärkt wurde, wenn Jugendliche als Kinder und junge Erwachsene

- ernst genommen und als Personen („so wie Du bist“) angenommen wurden;
- Vertrauen zu mindestens einem Elternteil entwickelten;
- ihre Gefühle frei ausdrücken, ihre Meinung offen sagen oder Kritik üben konnten;
- wenn ihnen die Handlungsweise der Eltern mit Argumenten erläutert wurde;
- genug Freiheit hatten, selbstständig und eigenverantwortlich zu handeln;
- lernten sich zu wehren und erfuhren, dass sie selbst etwas bewirken können;
- Unterstützung erhielten, wenn sie ungerecht behandelt wurden;
- Konflikte offen austragen konnten, ihnen nicht auswichen oder sich zurückzogen;
- ihnen mutiges Verhalten vorgelebt und unmittelbar erfahren wurde.“[17]

Lieberamnn

Diese Liste zeigt, wie die Weichen schon früh, in der Kindheit, gestellt werden können. Doch damit ist für das weitere Leben noch längst nicht alles entschieden. Daher sollten auch diejenigen nicht verzagen, die unter anderen Bedingungen aufwuchsen, denn Zivilcourage kann man auch noch in späteren Jahren trainieren.

7.3 Zivilcourage gegen Autoritätsgläubigkeit

Zweifellos gehört Zivilcourage dazu, um am Stammtisch den Parolen Paroli zu bieten. Der Widerspruch gegen diskriminierende, rassistische, inhumane, menschenverachtende Sprüche erfordert sozialen Mut. Die Hinweise auf Kindheit und Familie geben eine Erklärung, wo dieser seinen Ursprung hat. Sie sollen aber nicht den Schluss zulassen, als sei mit dem Ende der Kindheit die Entwicklung eines Menschen bereits passé. Auch später noch können Jugendliche und Erwachsene an sich arbeiten, um Zivilcourage zu erlernen und zu üben. Das geht am besten, wenn man die Situationen, in denen sie erforderlich ist, nicht meidet, sondern offensiv annimmt. Schon im unverfänglichen Bereich ist ein entsprechendes Training möglich; Lernschritte können sein

- mit seiner Meinung auch im größeren Kreis nicht hinterm Berg halten,
- einmal „nein" sagen, wenn man zu etwas überredet werden soll, wonach der Sinn nicht steht,
- auch dem Lehrer oder Chef einmal widersprechen,
- bei Behörden seine Interessen vortragen, einen Leserbrief schreiben,
- einmal etwas tun, was „man" sonst nicht tut,
- sich nicht um die Meinung der Leute scheren ...

So können Unsicherheiten und Ängste peu à peu abgebaut werden. Die Erfahrung zeigt, wie gut es sein kann, „Autoritäten" zu widersprechen, sich gegen den Strom der Mehrheitsmeinungen zu stellen.

Welche Folgen dagegen bedingungsloser Gehorsam hat, zeigt ein berühmt gewordenes Beispiel.

Stanley Milgram (1933 – 1984), in Yale und Harvard lehrender Sozialpsychologe, führte Anfang der 60er Jahre des letzten Jahrhunderts ein Experiment durch, mit dem er Auskünfte über die Gehorsamsbereitschaft von Menschen erhalten wollte.

Mit einer Zeitungsannonce suchte er Personen, die bereit waren, an einer wissenschaftlichen Untersuchung über Gedächtnisleistung mitzuwirken. Den weiteren Verlauf beschreibt Milgram wie folgt: „Das Experiment wurde in dem eleganten Laboratorium für zwischenmenschliche Beziehungen der Yale-Universität durchgeführt. Dieser Umstand ist für die von den Versuchspersonen angenommene Legitimität des Experiments von Bedeutung. (...) Die Rolle des Versuchsleiters spielte ein 31 Jahre alter Biologielehrer einer Highschool. Während des gesamten Experiments verhielt er sich leidenschaftslos, seine Erscheinung wirkte ein wenig streng. Er trug den grauen Kittel eines Technikers. Das ‚Opfer' spielte ein siebenundvierzigjähriger Buchhalter, der für diese Rolle ausgebildet worden war. (...) In jedem Experiment gab es eine uneingeweihte Versuchsperson und das ‚Opfer'. Bei der Verlosung wurde natürlich gemogelt, damit die Versuchsperson immer Lehrer, der Helfer immer Schüler wurde. (...) Sofort nach der Verlosung wurden Lehrer und Schüler in einen Nebenraum gebracht, wo der Schüler an eine an einen ‚elektrischen Stuhl' erinnernde Apparatur gefesselt wurde."

Dieser Apparat, ein Schockgenerator, hatte Kippschalter, die von 15 bis 450 Volt reichten. Eine Beschriftung zeigte, was das jeweils bedeutete („Leichter Schock" bis hin zu „Gefahr: Bedrohlicher Schock"). Der „Schüler" erhielt eine Lernaufgabe. Bei jeder falschen Antwort sollte ihm der „Lehrer" einen Schock verabreichen. Es ging jeweils um 15 Volt weiter. (Selbstverständlich erhielt der „Schüler" keinen wirklichen Schock, er simulierte nur.)

Das Experiment hatte vier Varianten:

1. Fernraum (das Opfer [„Schüler“] saß im Nebenzimmer, von ihm sind keine mündlichen Beschwerden zu vernehmen),
2. Akustische Rückopplung (Proteste und Beschwerden konnten deutlich gehört werden),
3. Raumnähe (das Opfer sitzt im selben Raum, ist sicht- und hörbar),
4. Berührungsnähe (die Versuchsperson musste dem Opfer die Hand auf eine Schockplatte legen).

Diese vier Experimente wurden jeweils mit 40 erwachsenen Versuchspersonen durchgeführt. Bis zur Endstufe von 450 Volt – damit wird dem Opfer ein sehr gefährlicher Schock versetzt – gingen bei Experiment 1 65,0%, bei Experiment 2 62,5%, bei Experiment 3 40,0% und bei Experiment 4 30,0% der Versuchspersonen.[18]

Das Milgram-Experiment wurde auch in Deutschland durchgeführt – mit einem ähnlichem Ergebnis.[19] Es wurde in mehr als zehn Ländern wiederholt, die Resultate waren alle vergleichbar mit dem Originalversuch.[20]

Rulle

Offensichtlich ist es leicht, eine Bereitschaft zu erwirken, sich Autoritäten zu unterwerfen. Man muss nur „autoritär" und machtbewusst auftreten. Entsprechende Auftritte sind auch an den Stammtischen zu finden. Was diese „Autoritäten" besonders gefährlich machen kann, ist, dass sie oft als selbsternannte Sprecher großer Ideen und Systeme daherkommen (die „Ordnung", das „Volk", das „Abendland", die „Zivilisation" ...).

Jedoch wirken Vorbilder. Milgram hatte nämlich sein Experiment erweitert, indem er eingeweihte Mitspieler protestieren ließ, als die Stromdosis gefährlich gesteigert wurde. Diese Mitspieler weigerten sich, weiter mitzumachen, was die nicht unterrichteten, echten Probanden beeindruckte. Deren Gehorsamsbereitschaft fiel deutlich ab: Nur noch 10% führten das Experiment bis zum Ende, d.h. bis zu 450 Volt durch; 90% stiegen aus[21] – ein Ergebnis dieser Variante des Experiments, das Milgram als „sehr eindrucksvoll" bewertete.[22]

Wie ein autoritäres Weltbild zusammengesetzt ist und mit Kategorien präzise dargestellt werden kann, zeigt die Untersuchung von *Theodor W. Adorno* (1903 – 1969) und Mitarbeitern über den autoritären Charakter. Sie bietet einen Aufschluss über starres, rigides und feindseliges Denken, so wie es auch in den Stammtischparolen zum Ausdruck kommt.[23]

Der in der NS-Zeit in die Vereinigten Staaten emigrierte Adorno wurde vom American Jewish Comitee mit der Frage beauftragt, ob der in Deutschland zu Tage getretene Antisemitismus auch in den USA denkbar sei. Adorno führte in den vierziger Jahren des 20. Jahrhunderts mit einigen Mitarbeitern entsprechende Untersuchungen mit dem Ziel durch, das Potenzial in der Bevölkerung der Vereinigten Staaten zu ermitteln, welches in Krisenzeiten einer ähnlichen Bewegung wie der NSDAP folgen würde. Dabei wurden etliche hundert Personen nach ihren Einstellungen und Meinungen zu Alltag, Familie, Sexualität, Kindererziehung etc. befragt. So konnte bei denjenigen, bei denen aggressive, rassistische und antisemitische Vorurteile festgestellt wurden, das Muster eines autoritätsgebundenen Charakters erkannt werden. Dieses wurde dann mit genauen Kriterien und Kennzeichen beschrieben. Entwickelt wurde so die F-Skala (F = Faschismus), das ist ein Untersuchungsinstrument zur Messung präfaschistischer Tendenzen von Menschen. Diese Menschen haben ein Weltbild, das sie anfällig macht für faschistische, nazistische Ideologie. Die F-Skala präzisiert mit neun Variablen (veränderlichen Größen) das Denkmuster einer autoritär eingestellten Person, sie ist längst zum sozialwissenschaftlichen „Klassiker" geworden.

Die Variablen der F-Skala

a) ***Konventionalismus.*** Starre Bindung an die konventionellen Werte des Mittelstandes.

b) ***Autoritäre Unterwürfigkeit.*** Unkritische Unterwerfung unter idealisierte Autoritäten der Eigengruppe.

c) ***Autoritäre Aggression.*** Tendenz, nach Menschen Ausschau zu halten, die konventionelle Werte missachten, um sie verurteilen, ablehnen und bestrafen zu können.

d) ***Anti-Intrazeption***. Abwehr des Subjektiven, des Phantasievollen, Sensiblen.

e) ***Aberglaube und Stereotypie.*** Glaube an die mystische Bestimmung des eigenen Schicksals; die Disposition, in rigiden Kategorien zu denken.

f) ***Machtdenken und „Kraftmeierei".*** Denken in Dimensionen wie Herrschaft – Unterwerfung, stark – schwach, Führer – Gefolgschaft; Identifizierung mit Machtgestalten; Überbetonung der konventionalisierten Attribute des Ich; übertriebene Zurschaustellung von Stärke und Robustheit.

g) ***Destruktivität und Zynismus.*** Allgemeine Feindseligkeit, Diffamierung des Menschlichen.

h) ***Projektivität.*** Disposition, an wüste und gefährliche Vorgänge in der Welt zu glauben; die Projektion unbewusster Triebimpulse auf die Außenwelt.

i) ***Sexualität.*** Übertriebene Beschäftigung mit sexuellen „Vorgängen".[24]

Adorno hat die F-Skala mit Hilfe eines Fragbogens ermittelt, wobei die Zustimmung zu einer Reihe von Sätzen getestet wurde, z.B.[25]

- „Gehorsam und Respekt gegenüber der Autorität sind die wichtigsten Tugenden, die Kinder lernen sollen." (Das steht für Konventionalismus.)
- „Was dieses Land vor allem braucht, mehr als Gesetze und politische Programme, sind ein paar mutige, unermüdliche, selbstlose Führer, denen das Volk vertrauen kann." (Ein Beispiel für autoritäre Unterwürfigkeit.)
- „Sittlichkeitsverbrechen, wie Vergewaltigung und Notzucht an Kindern, verdienen mehr als bloße Gefängnisstrafe; solche Verbrecher sollten öffentlich ausgepeitscht und noch härter bestraft werden." (Typisch für autoritäre Aggression.)
- „Der Geschäftsmann und der Fabrikant sind viel wichtiger für die Gesellschaft als der Künstler und der Professor." (Ein Beleg für Anti-Intrazeption.)
- „Kriege und soziale Unruhen werden wahrscheinlich eines Tages durch ein Erdbeben oder eine Flutkatastrophe beendet werden, welche die Welt vernichtet." (Hier zeigt sich Aberglaube und Stereotypie.)
- „Weder Schwäche noch Schwierigkeiten können uns zurückhalten, wenn wir genug Willenskraft haben." (So werden Macht und Robustheit dokumentiert.)
- „Es wird immer Kriege und Konflikte geben, die Menschen sind nun einmal so." (Eine solche Aussage gilt als Hinweis auf Destruktivität und Zynismus.)
- „Die meisten Menschen erkennen nicht, in welchem Ausmaß unser Leben durch Verschwörungen bestimmt wird, die im Geheimen ausgeheckt werden." (Erkennbar ist die Projektivität.)
- „Die sexuellen Ausschweifungen der alten Griechen und Römer waren ein Kinderspiel im Vergleich zu gewissen Vorgängen bei uns, sogar in Kreisen, von denen man es am wenigsten erwarten würde." (Die besondere Beschäf-

tigung mit der Sexualität kommt beispielsweise so zum Ausdruck.)

Die Parallele zu dem in vorangegangenen Kapiteln vorgestellten Katalog der Stammtischparolen ist eindeutig. Damit ist eine Bewertung derselben erlaubt: Hinter dem massiven und wiederkehrenden Verkünden von Stammtischparolen steckt ein autoritärer Charakter. Welche Gefahren damit verbunden sind, hat die Zeit gezeigt, in der Adorno seine Untersuchungen durchgeführt hat.

Zivilcourage gehört dazu, wenn man Parolen entgegentritt, in denen diese autoritäre Gesinnung ihren Ausdruck findet.

Den Mut hierfür hat man durch gute Erfahrungen als Kind erworben, man kann ihn auch später noch trainieren.

Der Psychoanalytiker *Erich Fromm* (1900 – 1980) gibt noch einen weiteren Hinweis. Für ihn gibt es in jedem Menschen ein „humanistisches Gewissen". Dem steht aber ein „autoritäres Gewissen" gegenüber: „ Die Inhalte des autoritären Gewissens werden aus Geboten und Tabus der Autorität abgeleitet. Die Stärke wurzelt in Angstgefühlen vor

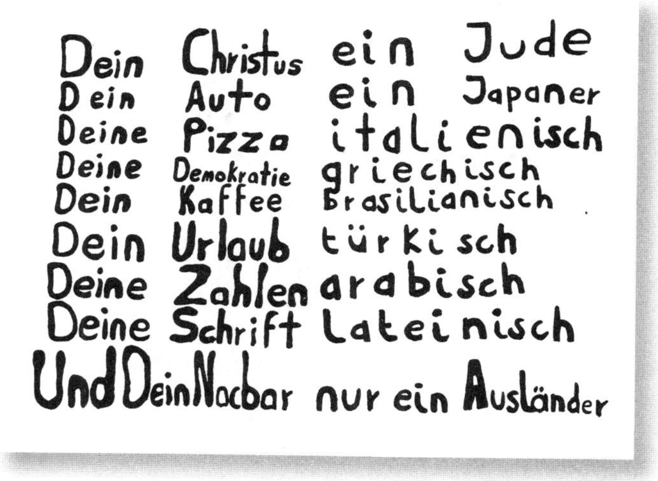

Postkarte

der Autorität und in Bewunderung für sie."[26] Diese Art des Gewissens ist fremdbestimmt und abhängig von äußerlichen Autoritäten.

Ganz anders verhält es sich mit dem humanistischen Gewissen: „Das humanistische Gewissen ist nicht die nach innen verlegte Stimme einer Autorität, der wir gefallen wollen und der zu missfallen wir fürchten; es ist die eigene Stimme, die in jedem Menschen gegenwärtig ist und die von keinen äußeren Strafen und Belohnungen abhängt. (...) Das humanistische Gewissen ist die Reaktion unserer Gesamtpersönlichkeit auf deren richtiges oder gestörtes Funktionieren. (...)

Handlungen, Gedanken und Gefühle, die ein richtiges Funktionieren und die Entfaltung unserer Gesamtpersönlichkeit fördern, rufen ein Gefühl der inneren Zustimmung, der Richtigkeit hervor. (...) *Gewissen ist also die Re-Aktion unseres Selbst auf uns selbst.* Es ist die Stimme unseres wahren Selbst, die uns auf uns selbst zurückruft, produktiv zu leben, uns ganz und harmonisch zu entwickeln, das heißt *zu dem zu werden, was wir unserer Möglichkeit nach sind.* (...)

Til Mette

Da es die Funktion hat, der Hüter des wahren menschlichen Selbstinteresses zu sein, ist das Gewissen in dem Maße lebendig, wie der Mensch sich nicht ganz verloren hat und das Opfer seiner eigenen Gleichgültigkeit und Destruktivität geworden ist. Das Verhältnis zwischen Produktivität und Gewissen ist ein wechselseitiges. Je produktiver der Mensch lebt, desto stärker ist das Gewissen und desto mehr fördert es die Produktivität. Je weniger produktiv der Mensch ist, desto schwächer wird das Gewissen."[27]

Sind wir jetzt weit von den Stammtischparolen entfernt? Ich meine, nein, wir sind vielmehr ganz nah dran. Denn ein produktiver Mensch ist ein handelnder Mensch, kein bedingungsloser Ja-Sager und Dabeisitzer, kein Mitläufer, er ist einer, der sich unabhängig macht von Fremdbestimmung. Und er ist einer, der erkennt, dass die zerstörerischen, destruktiven Motive und Momente ihn an der Entfaltung seiner Person hindern. Ein solcher Mensch verfällt nicht in Sprüche, die andere Menschen niedermachen. Vielleicht kommt daher auch das gute Gefühl, das man anschließend hat, wenn man nicht passiv erstarrt und verstummt geblieben ist, sondern die eigene Meinung gesagt hat.

Das schafft nicht nur persönliche Zufriedenheit, sondern ist auch von einer darüber hinaus gehenden Bedeutung: „Je mehr Bürger mit Zivilcourage ein Land hat, desto weniger Helden wird es einmal brauchen."[28] Dieser Klartext, dem nichts mehr hinzuzufügen ist, stammt von der italienischen Journalistin *Franca Magnani*.

Anmerkungen

1 Kurt Singer: Zivilcourage wagen: Wie man lernt sich einzumischen, 3. Aufl., München 2003 (Klappentext)

2 Kurt Tucholsky: Die Verteidigung des Vaterlandes (1921), in: Kurt Tucholsky: Gesammelte Werke in 10 Bänden, Bd. 3, a.a.O., S. 58

3 Leider keine Spur von „beherztem Eingreifen", in: Westdeutsche Allgemeine Zeitung (WAZ), 12.5.2001, S. 1

4 Gründe, in: Erich Fried: Gesammelte Werke, Bd. 1, Berlin 1993, S. 365

5 http://www.martin-niemoeller-stiftung.de/niemoeller.htm. Es gibt noch eine zweite Version, die nach den Kommunisten, Sozialdemokraten und Gewerkschaftern noch die Juden benennt: „Als sie die Juden holten, habe ich nicht protestiert; ich war ja kein Jude." (http://class.georgasouthern.edu/german/texte/niemoell.htm)
6 Gerd Meyer; Lebendige Demokratie: Zivilcourage und Mut im Alltag. Forschungsergebnisse und Praxisperspektiven, Baden-Baden 2004, S. 11
7 Nach: Singer, a.a.O., S. 30-32
8 Meyer, a.a.O., S. 14f.
9 Singer, a.a.O., S. 102f.
10 Ebd., S. 115
11 Im Folgenden siehe ebd., S. 29, u. Meyer, a.a.O., S. 139
12 Karl Jaspers: Werk und Wirkung, München 1963, S. 22f.
13 Karl Jaspers: Was ist Philosophie?, München 1975, S. 8
14 Annette Dumbach/Jud Newborn: Die Geschichte der Weißen Rose, Freiburg i.Br. 1994, S. 32f.
15 Eva Fogelman: „Wir waren keine Helden". Lebensretter im Angesicht des Holocaust. Motive, Geschichten, Hintergründe, Frankfurt/M. und New York 1995
16 Ebd. S. 247f. u. 251
17 Meyer, a.a.O., S. 159
18 Stanley Milgram: Das Milgram-Experiment. Zur Gehorsamsbereitschaft gegenüber Autoritäten, Hamburg 1982, S. 30-32 u. 50f.
19 Es gibt hierüber einen Film: „Abraham – ein Versuch" (1970)
20 Harald Welzer: Täter. Wie aus ganz normalen Menschen Massenmörder werden. Frankfurt/M. 2005, S. 109
21 Milgram, a.a.O., S. 141
22 Ebd., S. 140
23 Theodor W. Adorno: Studien zum autoritären Charakter, Frankfurt/M. 1973
24 Ebd., S. 45 (Erklärung der Begriffe: *konventionell:* herkömmlich, *Autorität:* einflussreiche, maßgebende Persönlichkeit, *Intrazeption:* im übertr. S. „Einnahme" ins Innere, *Stereotypie:* wiederholtes Muster, immer wiederkehrende Einstellungen, *mystisch:* geheimnisvoll, dunkel, *Disposition:* Anlage zu einer immer wieder durchbrechenden Eigenschaft, *rigide:* steif, starr, unflexibel, *Destruktivität:* zerstörerisches, bösartiges Verhalten, *Zynismus:* verletzend-bissige Haltung/Einstellung, *Diffamierung:* Verleumdung, *Projektion:* das Übertragen von eigenen Gefühlen, Wünschen, Vorstellungen o.ä. auf andere als Abwehrmechanismus)
25 Ebd., S. 81-84
26 Erich Fromm: Psychoanalyse und Ethik. Bausteine zu einer humanistischen Charakterologie, München 1985, S. 116
27 Ebd., S. 124-126
28 Franca Magnani. Dieses Zitat ist an vielen Stellen zu finden, u.a. auch in der Süddeutschen Zeitung vom 10.11.2003 (http://www.sueddeutsche.de/kultur/artikel/232/21211)

8. Contra geben mit Argumenten

8.1 Trotz der Gegenargumente – ein Plädoyer für das Argumentieren am Stammtisch

Eines dürfte bisher deutlich geworden sein: Leicht ist es nicht, die Parolen auszuhebeln. Wie wir gesehen haben, sind tief und fest verwurzelte psychische Voraussetzungen an deren Heftigkeit und Hartnäckigkeit mitbeteiligt. Das Bemühen eines jeden, kognitive Dissonanzen nicht aufkommen zu lassen, ist nicht zu unterschätzen. Auf einen argumentativen Austausch, gar auf eine Meinungsbildung mit dem Ziel, bessere Erkenntnis gewinnen zu wollen, kommt es am Stammtisch gar nicht an. Dort geht es zunächst einmal um Selbstbestätigung, Selbstbehauptung und Selbstgerechtigkeit. „Die sanfte Gewalt der Vernunft", von der *Bertolt Brecht* ausging[1], richtet gegen vorurteilsbeladene, autoritätsgestützte Ressentiments zunächst einmal nicht viel aus. Zur Argumentationsbereitschaft gehört nämlich auch „die Bereitschaft, sich durch Argumente überzeugen zu lassen."[2] Hier – so zeigt die Realität – meldet der Stammtisch eine Fehlanzeige. Und logisches, schlüssiges Argumentieren kommt nicht an eine Argumentationsbasis heran, die auf „fundamentale(n) Werturteile(n), Glaubenssätze(n), Prinzipien" beruht.[3] „Wenn wir einfach die Thesen oder Dogmen (...) bestreiten oder negieren, so ist das keine Argumentation. Wir ersetzen bloß ein dogmatisches System durch ein anderes."[4]

Dennoch wird hier entschieden dafür plädiert, sich mit Argumenten auszustatten und diese den Parolen entgegen zu halten. Und zwar aus folgenden Gründen:

1. Wer gute Argumente hat, der hat auch Sicherheit im Auftreten. Er/sie weiß, dass die eigene Position begründet, seriös, dokumentiert und wissenschaftlich bestätigt ist.
2. Man soll niemals nie sagen. Ein Gespräch ist noch nicht vorbei, wenn es beendet ist. Das, was gesagt wurde, wirkt noch nach, wird vielleicht in einer angemessenen Zeit neu bedacht und mit zwischenzeitlich hinzugekommenen Erfahrungen verknüpft. Möglicherweise entfaltet es dann seine Wirkung.
3. Es gibt ja noch die Dabeisitzer, die Unentschiedenen, die Zuhörer. Sie sind die eigentlichen Adressaten, sie können am ehesten überzeugt werden.
4. Es geht auch in erster Linie nicht um das Gespräch, sondern vielmehr darum zu dokumentieren, dass die „Lufthoheit“ über den Ladentheken, Straßenbahnen, Gartenzäunen, Kantinen und Stammtischen nicht den Parolendreschern überlassen werden darf. Es ist wichtig, entschieden Partei zu ergreifen für eine

Wössner

zivilisierte Bürgergesellschaft, und eines ihrer Kennzeichen ist, dass sich die Menschen dort „höflich, tolerant und gewaltlos" verhalten.[5]

5. Wenngleich klare und saubere Argumentation nach diskursiven und logischen Prinzipien in der Auseinandersetzung mit Fanatismus wenig Erfolg verspricht, so ist doch die von Hubert Schleichert vorgeschlagene Strategie des „subversiven Argumentierens" zu bedenken. Seinem Vorschlag zufolge soll der „Aufklärer" die „Probleme, Seltsamkeiten, Abstrusitäten" einer Ideologie benennen und alternative Denkmöglichkeiten aufzeigen.[6] Eine subversive, d.h. umstürzlerische Kraft kann der Widerspruch am Stammtisch immer haben. Denn die soziale und emotionale Situation der Begegnung und ihre Wirkung ist umfassender und komplexer als der reine Austausch von Worten.
6. Menschen mit Autoritätsproblemen – und diese dürfen bei denjenigen vermutet werden, die beinharte Positionen herauskehren – sind zu beeindrucken von Menschen, die klar und entschieden auftreten. Und das können diese besonders gut, wenn sie die Sicherheit guter Argumente haben (damit schließt sich der Kreis).

Leider hat die Justiz denjenigen, die sich in diesem Sinne engagieren möchten, einen Bärendienst erwiesen. Ein Urteil des Bundesgerichtshofes erklärte eine Parole von Neonazis für juristisch unbedenklich.

Rechte Parole nicht strafbar

BGH: „Ruhm und Ehre der Waffen-SS" erlaubt

Die Parole „Ruhm und Ehre der Waffen-SS" ist nach einem Urteil des Bundesgerichtshofes (BGH) nicht strafbar. Der Zentralrat der Juden bezeichnete diese Entscheidung als „Ermunterung für Neonazis".

KARLSRUHE/FRANKFURT A.M. – 28. Juli – Mit dem am Donnerstag verkündeten Urteil spricht der 3. Strafsenat des BGH drei Neonazis der „Kameradschaft Karlsruhe" rechtskräftig frei. Sie hatten einen Text verfasst, der auf dem so genannten Nationalen

Infotelefon Karlsruhe für jedermann abhörbar war. Dort wurde die Grußformel „Ruhm und Ehre der Waffen-SS" verwendet, bei der es sich um eine abgewandelte Wortschöpfung handelt. Die Waffen-SS hatte die Formel „Unsere Ehre heißt Treue", die Hitler-Jugend die Parole „Blut und Ehre" verwendet.

Das Landgericht Karlsruhe hatte die drei Angeklagten zuvor wegen Verwendung nationalsozialistischer Kennzeichen zu einem halben Jahr Freiheitsstrafe mit Bewährung oder Geldstrafen verurteilt. In der Revision hob der BGH das Urteil auf und sprach die drei rechtskräftig frei. In der Urteilsbegründung hieß es, die Parole „Ruhm und Ehre der Waffen-SS" sei den von den Nazis verwendeten Parolen nicht zum Verwechseln ähnlich.

Laut Strafgesetzbuch ist das Verwenden von Kennzeichen verfassungswidriger Organisationen, zu denen die Waffen-SS zählt, verboten. Kennzeichen können auch Parolen und Grußformeln sein. Unter Strafe gestellt sind nicht nur Kennzeichen, die identisch verwendet werden, vielmehr sind auch solche Parolen und Grußformeln verboten, die „zum Verwechseln ähnlich sind". Diese Voraussetzungen verneinten die Strafrichter jedoch. Eine „nationalsozialistisch klingende Parole ist nicht strafbar", es müsse eine „Verwechslung mit dem Original möglich sein" *(AZ: 3 StR 60/05).*

Eine solche Entscheidung sei für Neonazis eine Ermunterung, sagte *Salomon Korn*, Vize-Präsident des Zentralrats der Juden (...)*:* „Statt eindeutige Zeichen einer kämpferischen Demokratie zu setzen und keine Toleranz gegenüber Intoleranz zu üben, werden Neonazis durch solche Urteile geradezu ermuntert, die Dreistigkeit ihrer Parolen zu steigern." Offensichtlich hätten „manche Richter bis heute nicht verstanden, dass Neonazis, deren menschenverachtende Ideologie einst zu millionenfachem Mord geführt hat, gesellschaftlich geächtet werden müssen".[7]

Aber eine Unterstützung durch Gesetzgebung und Rechtsprechung ist bei der Verhinderung von Vorurteilen nicht zu unterschätzen. Sie ist sogar wichtig. *Gordon W. Allport* hat nämlich festgestellt: „Wenn Gesetze (und ich zähle die Rechtsprechung hinzu, KPH) Zuwiderhandlungen nicht verhindern, so wirken sie doch als Hemmung. Sie schrecken ab, was sich durch Abschreckung verhindern lässt."[8] Und: „Der Stachel des Gesetzes bricht häufig in böse Zirkelprozesse ein, so dass ein heilender Prozess entsteht."[9]

8.2 Argumente und Informationen gegen die Stammtischparolen

Im Folgenden sollen einigen der bekanntesten Stammtischparolen Argumente und Informationen entgegen gesetzt werden. Damit soll auch gezeigt werden, wie verbal reagiert und was erwidert werden kann. Nach der Beschäftigung mit den Vorurteilen und der kognitiven Dissonanz wissen wir, dass begründet, sachlich, rational und logisch vorgetragene Einlassungen oft nur eine begrenzte Reichweite und Wirkung haben. Die Parolenverkünder werden sie entweder anzweifeln oder ignorieren. Sie werden die Quellen und die Echtheit in Frage stellen oder die Hinweise so umdrehen, dass sie in das eigene System passen. Aber es sind ja in der Regel auch noch andere da. Und schließlich ist noch lange nicht aller Tage Abend. Die längerfristige Wirkung des eingelegten Widerspruchs sollte auch bei den Kontrahenten im Gespräch nicht unterschätzt werden. Wer gute Informationen und Argumente hat, der hat auch festen Boden unter den Füßen und kann sicher und souverän auftreten. Und das beeindruckt auf jeden Fall.

Jedoch gibt es ein großes Problem: Angesichts der Fülle an Daten, Fakten, Materialien und Veröffentlichungen gerät man leicht in ein Labyrinth der Informationen. Ein beindruckendes Beispiel verdeutlicht es: Am Anfang des 18. Jahrhunderts umfasste der Bestand der Yale-Universität in den USA 1.000 Bücher. In immer kürzeren Abständen verdoppelte sich dieser Besitz. „Wenn man die Entwicklung in die Zukunft auch nur anhand der konservativsten Wachstumsannahmen verlängerte, würde Yale im Jahre 2040 nahezu 200 Millionen Bücher umfassen. Dieser Bestand dürfte dann alljährlich um zwölf Millionen Bücher zunehmen.“[10] Hinzu kommen die anderen Medien: Radio, TV und Internet. „Wir leben im Informationszeitalter und merken es daran, dass wir uns vor Informationen nicht mehr retten können.“[11] Keiner kann alles wissen und was heute aktuell ist, kann morgen schon überholt sein. Daher ist es vergebens, bei der Vielzahl der Themen, die bei den Stammtischparolen ins Spiel kommen, sich darum zu bemühen, ständig und in allen Details bestens informiert zu sein.

Die Folge davon soll aber nicht Resignation sein, sondern Konzentration auf das Wesentliche. Entscheidend ist, sich nicht mit Fakten zuzuschütten, sondern den roten Faden des Argumentierens im Auge zu behalten. Wichtig ist, sich ein Argumentationsmuster zu erarbeiten. (Hinweise gab es in Kapitel 3.2.) Dennoch sollte Basiswissen vorhanden sein, und dieses sollte ständig aktualisiert werden. Zu empfehlen ist, bei der regelmäßigen Lektüre der Tageszeitung besonders auf Meldungen zu achten, die zu den Stammtischparolen passen. Vielleicht kann man sich ja ein Archiv anlegen, indem man die Zeitungsausschnitte in entsprechende Mappen legt, in denen alles gesammelt wird, was man im Laufe der Zeit zu dieser oder jener Parole findet. In diese Mappen können auch Hinweise auf Textstellen in Büchern kommen. Eine wahre Flut an Informationen liefert das Internet. Wenn man bei google.de die entsprechenden Stichwörter eingibt, wird

Tom

man fast immer auf viele Stellen hingewiesen. Aber man sollte da vorsichtig sein, denn auch die „andere Seite" nutzt das Internet, auch Rechtsextreme und Neonazis verbreiten hier ihre Ideologien. Daher ist es wichtig, immer auf die Quelle der Information zu achten.

Nun aber einige Contra-Argumente zu einigen der Stammtischparolen.

8.2.1 „Die Ausländer nehmen uns die Arbeitsplätze weg"

Dies ist die bekannteste Stammtischparole. Bei den Brainstormings in den Argumentationstrainings ist sie immer dabei und bei der Auswahl, mit welcher Parole sich eine Seminargruppe beschäftigen will, wird sie am häufigsten genannt. Kein Wunder: In den alten Bundesländern stimmten ihr bei einer Befragung 31%, in den neuen Bundesländern 56% zu.[12]

- Zunächst einmal gilt – wie bei allen Auseinandersetzungen mit den Parolen – das verallgemeinernde „die" in Frage zu stellen. Wer ist gemeint: der US-amerikanische Manager, der einen Konzern „saniert" und damit als „Ausländer" tatsächlich Arbeitsplätze wegnimmt? Der mit Millionen dotierte brasilianische Fußballstar in einem Bundesligaverein? Oder der polnische Arbeiter im Schlachthof, der dort arbeitet, wo kein Deutscher mehr hin will? Oder ist es der türkische Imbissinhaber, der noch zwei Angestellte hat?
- Im letzten Fall kann darauf hingewiesen werden, dass es derzeit 286.000 ausländische Selbstständige in Deutschland gibt,[13] davon 130.000 mit weiteren Beschäftigten in ihrem Betrieb.[14]
- Die Arbeitslosenquote der ausländischen Bevölkerung ist höher als bei den Deutschen (2004: 20,1% bzw. 11,7%[15]): Welche Arbeitsplätze haben sie weggenommen?
- In den Regionen Deutschlands, in denen die wenigsten Ausländer leben, ist auch die Arbeitslosenquote am höchsten (z.B. in den neuen Bundesländern). Umgekehrt leben in

den Bundesländern mit der niedrigsten Arbeitslosigkeit die meisten Ausländer (Baden-Württemberg, Bayern).

- Viele der offenen Stellen werden nicht von Deutschen angenommen. Die Müllentsorgung würde ebenso zum Erliegen kommen wie der Pflegebereich, wenn hier keine eingewanderten Arbeitskräfte beschäftigt wären. Viele Restaurants und Hotels müssten ohne ihre 176.000 ausländischen Mitarbeiter/innen dicht machen.[16]

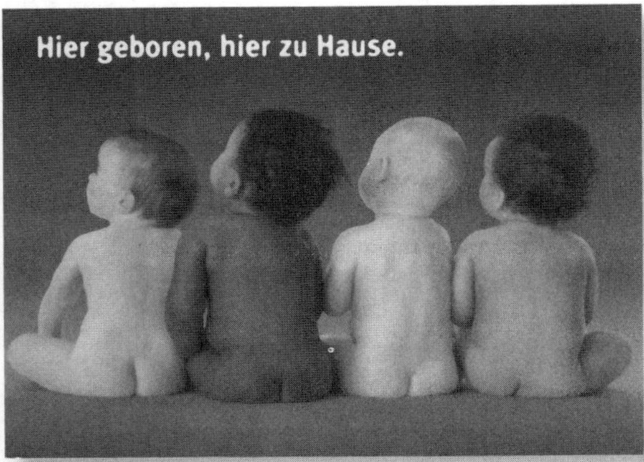

BÜNDNIS 90/
DIE GRÜNEN NRW
(Postkarte)

- Die deutsche Wirtschaft ist nicht nur auf ausländische Arbeitskräfte, sondern auch auf Konsumenten aus der ausländischen Bevölkerung angewiesen.
- Ein namhaftes Institut der deutschen Wirtschaft kommt zu einem eindeutigen Ergebnis: Die Zuwanderungen waren bisher „in ökonomischer und gerade auch in arbeitsmarktpolitischer Hinsicht im Saldo positiv zu bewerten und (stellten) fiskalisch einen erheblichen Gewinn für die deutsche Volkswirtschaft dar."[17]
- Es fehlen in Deutschland Fachkräfte, z.B. für Informatik. Insgesamt wird der künftige Bedarf an qualifizierten Fachkräften aus dem Ausland auf bis zu 500.000 pro Jahr geschätzt.[18] Das heißt, dass auch in Zukunft eine

Zuwanderung notwendig ist, soll die deutsche Wirtschaft international konkurrenzfähig bleiben.

- Die deutsche Gesellschaft wird immer älter. Die ausländischen Familien haben mehr Kinder als die deutschen, somit sind sie für das Sozialsystem und die Rentenversorgung unverzichtbar.
- Gegen die Behauptung „Die Ausländer nehmen uns die Arbeitsplätze weg" kann auch noch ein weiterer Aspekt

Gero

eingebracht werden. Mit Fragen kann gezielt auf die Ursachen hingewiesen werden, warum in den letzten Jahren so viele Arbeitsplätze weggefallen oder abgebaut worden sind: Welche Ausländer sind es denn, die den Deutschen Arbeitsplätze wegnehmen? Die Näherinnen in Rumänien, die „für 150 bis 200 Euro brutto im Monat schneidern"[19]? Die Opelarbeiter in Belgien, England, Polen, Portugal, Schweden oder Spanien, die weniger Lohn bekommen als ihre Kollegen in Bochum, Karlsruhe oder Rüsselsheim, was dazu führte, dass 9.000 Arbeitsplätze hier abgebaut und nach dort verlagert worden sind? Die jungen Frauen in China, die unter extremen Arbeitsbedingungen und bis zu 16 Stunden am Tag Billig-Spielzeug für Großkonzerne der Spielzeugvermarktung herstellen?[20] Und wer entscheidet darüber, dass die Konzerne dort produzieren? Es ist sicherlich nicht der italienische Pizza-Bäcker nebenan.

– In diesem Zusammenhang stellt sich die Frage an den Parolenverkünder, inwieweit er selbst am Abbau der Arbeitsplätze beteiligt ist, z.B. durch seine Schnäppcheneinkäufe bei Tchibo, Aldi und Lidl oder durch den Erwerb von Plastikspielsachen bei McDonald´s.

8.2.2 „Wir haben zu viele Ausländer hier“

Zunächst einmal gilt, dass ein Großteil der Argumentation sich deckt mit dem, was der vorausgegangenen Parole entgegnet werden kann. Überhaupt wird ja beim „Parolenspringen“ ständig von dem einen Spruch zum anderen übergegangen (und zurück). Auf diese Parole kann beispielsweise erwidert werden:

– Auch hier wird rigoros verallgemeinert und übersehen, dass es eine große Zahl von Ausländergruppen gibt, die einen unterschiedlichen Status haben: EU-Bürger und -Bürgerinnen mit faktisch unbeschränktem Aufenthaltsrecht, schon lange hier lebende „Gastarbeiter“, hier Geborene (das ist jeder fünfte „Ausländer“[21]), Flüchtlinge (wobei

Greser & Lenz

hier zu unterscheiden ist zwischen Kriegs- und Bürgerkriegsflüchtlingen, Konventionsflüchtlingen und Kontingentsflüchtlingen), anerkannte oder lediglich geduldete Asylbewerber, Asylberechtigte. Wer ist also gemeint?

- Am 30.6.2004 lebten 7,158 Millionen Ausländer in Deutschland.[22] Doch woran bemisst sich die Behauptung, das seien zu viele? In den neuen Bundesländern leben gerade einmal 315.000 Menschen mit einem ausländischen Pass, das macht einen Bevölkerungsanteil zwischen 1,67% (in Sachsen-Anhalt) und 2,35% (in Brandenburg und Sachsen) aus. In der gesamten Bundesrepublik liegt die Quote bei ca. 8,9%.[23]
- Die Bedeutung dieser Menschen für den Erhalt und Ausbau der gesamten sozialen und kulturellen Infrastruktur ist groß: „Die Immigranten tragen durch namhafte Steuer- und Beitragszahlung spürbar zur Finanzierung von öffentlichen Gütern bei.“[24]
- Übersehen wird beim Verweis auf die stete Einwanderung, dass es fast genauso viele Ausländer gibt, die wieder abwandern. „Im Jahr 1998 sind beispielsweise 605.500 Ausländer zugezogen, 639.000 sind weggezogen, am Ende des Jahres lebten also 34.000 Ausländer weniger in Deutschland.“[25] „Im Jahr 2000 erhöhte sich die Zahl der in Deutschland lebenden Ausländer unterm Strich nur um lediglich 86.000.“[26]
- Es gibt Länder mit einem wesentlich höheren Anteil an Ausländern: In Luxemburg sind es 26% der Wohnbevölkerung, in der Schweiz 17%.[27] Das sind wirtschaftlich starke Staaten.
- Die Deutschen werden immer älter und ihre Kinder immer weniger: „Ohne Zuwanderung vergreist die deutsche Gesellschaft.“[28] Wer zahlt in die Rentenkassen ein? Wer pflegt die Alten? Solche und andere Fragen sind nur zu beantworten, wenn Deutschland eine Einwanderungsland ist, in der ein Klima der Akzeptanz der Hinzugekommenen besteht.

– Die Vereinten Nationen empfehlen in einer Studie („Replacement Migration“) Deutschland dringend eine forcierte Einwanderung. „Fünf verschiedene Szenarien haben die UN für die Bundesrepublik Deutschland durchkalkuliert. Bei der mittleren Variante kämen bis zum Jahr 2050 jährlich rund 207.000 Ausländer zusätzlich ins Land. Dann würde die Bevölkerung bis zu diesem Zeitpunkt von 82 auf 73 Millionen schrumpfen. Ohne jeden Zuzug würden zwischen Nordsee und Alpen bis zur Mitte des Jahrhunderts nur noch 59 Millionen Menschen leben. Um die Bevölkerungszahl zu halten, müssten per anno 324.000 Immigranten ins Land kommen, um die Zahl der Erwerbstätigen konstant zu halten gar 458.000. Komplett ausgeglichen könnte die Vergreisung der deutschen Gesellschaft nur sein, wenn jährlich 3,4 Millionen Menschen die Grenze überquerten.“[29]

8.2.3 „Wir sind nicht mehr Herr im eigenen Land“

Diese Parole geht stark in die „Deutschtümelei“. Hier ist eine unmittelbare Nähe zum Rechtsextremismus zu finden, der ja immer stark nationalistisch getönt ist und tönt. Es ist besonders schwierig, auf eine solche chauvinistische, im Kern auch rassistische Position mit rationalen Argumenten einzugehen. Deswegen könnte es einmal mit einer ironischen Anfra-

T. Plaßmann

ge und zum anderen mit einem kulturhistorischen Hinweis versucht werden.

- Wer sind „wir“ denn? Haben „wir“ dieselben Interessen, die Hartz IV-Empfängerin in Pirna und der in Frankfurt am Main ansässige Jungmanager, der seine Businesskarriere heute in London, morgen in New York und übermorgen in Hongkong ausbaut? Und inwieweit ist die türkische Putzfrau jetzt „Herr“ in unserem Land?
- Andererseits hat es „den Deutschen“ gut getan, dass Fremde hinzugekommen sind. *Carl Zuckmayer* (1896–1977) lässt in seinem Drama „Des Teufels General“ seine Hauptperson Harras den folgenden Widerspruch zu einem vom Rassenwahn der Nationalsozialisten Besessenen äußern:

Die große Völkermühle

„Denken Sie doch – was kann da nicht alles vorgekommen sein in einer alten Familie. Vom Rhein – noch dazu. Von der großen Völkermühle. Von der Kelter Europas! (...) Und jetzt stellen Sie sich doch mal Ihre Ahnenreihe vor – seit Christi Geburt. Da war ein römischer Feldhauptmann, ein schwarzer Kerl, braun wie ne reife Olive, der hat einem blonden Mädchen Latein beigebracht. Und dann kam ein jüdischer Gewürzhändler in die Familie, das war ein ernster Mensch, der ist noch vor der Heirat Christ geworden und hat die katholische Haustradition begründet. – Und dann kam ein griechischer Arzt dazu, oder ein keltischer Legionär, ein Graubündner Landsknecht, ein schwedischer Reiter, ein Soldat Napoleons, ein desertierter Kosak, ein Schwarzwälder Flözer, ein wandernder Müllerbursch vom Elsass, ein dicker Schiffer aus Holland, ein Magyar, ein Pandur, ein Offizier aus Wien, ein französischer Schauspieler, ein böhmischer Musikant – das alles hat am Rhein gelebt, gerauft, gesoffen und gesungen und Kinder gezeugt – und – und der Goethe, der kam aus dem selben Topf, und der Beethoven, und der Gutenberg, und der Matthias Grünewald, und – ach was, schau im Lexikon nach. Es waren die Besten, mein Lieber! Die Besten der Welt! Und warum? Weil sich die Völker vermischt haben. Vermischt – wie die Wasser aus Quellen und Bächen und Flüssen, damit sie zu einem großen, lebendigen Strom zusammenrinnen. Vom Rhein – das heißt: vom Abendland. Das ist natürlicher Adel. Das ist Rasse.“[30]

8.2.4 „Ausländer sind kriminell"

Auch diese Behauptung wird immer wieder aufgestellt. Dabei wird sich gerne auf die polizeiliche Kriminalitätsstatistik bezogen: „2004 besaßen laut Statistik 22,9 Prozent der ermittelten Tatverdächtigen nicht die deutsche Staatsangehörigkeit. Der Ausländeranteil der Wohnbevölkerung liegt nur bei neun Prozent. Sind Ausländer also deutlich krimineller als Deutsche?"[31] Diese Frage kann aus mehreren Gründen verneint werden.[32]

- Ausländer werden eher und häufiger verdächtigt als Deutsche, und sie stehen häufiger unter falschem Tatverdacht.
- Gegen einen großen Teil – ca. 30%[33] – der nichtdeutschen Tatverdächtigen wurde wegen eines Vorstoßes gegen das Ausländergesetz oder Asylverfahrensgesetz ermittelt. Diese Delikte können von Deutschen nicht begangen werden.
- Es ist nicht gerechtfertigt, in der Kriminalstatistik alle Ausländer in einen Topf zu werfen. Asylbewerber leben unter völlig anderen Bedingungen als ausländische Arbeitnehmer und ihre Familien.
- Der ausländischen Wohnbevölkerung werden Straftaten zugerechnet, die von Durchreisenden, gesetzeswidrig sich in der Bundesrepublik Aufhaltenden, Soldaten anderer Streitkräfte etc. begangen werden. „Ein Viertel bis ein Drittel der Ausländer, die in der Kriminalitätsstatistik erscheinen, sind (...) Touristen, Illegale und alle, die ausschließlich zum Zweck ungesetzlicher Taten (Diebstahl, Raub, Drogenhandel, Prostitution und Zuhälterei, Schmuggel) ins Land einreisen."[34] Zusammen mit Asylsuchenden, Geduldeten, de-facto-Flüchtlingen etc. „verfügen etwa 70% aller ausländischen Tatverdächtigen über keinen oder nur einen unsicheren Aufenthaltsstatus."[35]
- Integrierte Ausländer in Deutschland kommen nicht öfter mit dem Gesetz in Konflikt als Deutsche. Eine differenzierte Auswertung der Kriminalstatistik hat sogar ergeben:

„Ausländer, die ständig in Deutschland leben, sind (...) gesetzestreuer als Deutsche in gleicher sozialer Position."[36]

- Unter Ausländern sind solche Bevölkerungsgruppen überrepräsentiert, die generell (auch unter Deutschen) häufiger Straftaten begehen (männlich, unter 30 Jahren, Großstadtbewohner),[37] ein angemessener Vergleich müsste die gleichen deutschen und nichtdeutschen Sozialgruppen aufeinander beziehen.
- Auch die Problemgruppe „ausländische Jugendliche" ist in einer eindeutigen Mehrheit von 94,5% strafrechtlich nicht auffällig.[38] Dennoch kann nicht verschwiegen werden, dass „die Anzahl der jugendlichen nichtdeutschen Tatverdächtigen bei Gewaltdelikten zu(nimmt). (...) Diese Entwicklung, die vor allem nichtdeutsche junge Männer betrifft, verweist auf soziale Probleme in Teilen der zweiten und dritten Generation"[39]. Hier aber ist die Frage nach den Ursachen auch an die Adresse der Mehrheitsgesellschaft der Deutschen und an ihre Integrationsbereitschaft und -fähigkeit zu richten.

T. Plaßmann

8.2.5 „Asylbewerber sind Wirtschaftsflüchtlinge"

Auch das ist ein Dauerbrenner der Stammtischfraktion, die Rede von den „Scheinasylanten", die ja lediglich aus Wirtschaftgründen hierher kämen und politische Verfolgung und Diskriminierung nur vortäuschten. Mit dieser Vorstellung steigern sich einige Zeitgenossen derart in Rage, dass sie ihre Behauptung ins weltweite Netz stellen: „Unbestritten ist, daß vielfach mit dem Recht auf Asyl Mißbrauch getrieben wird. Die Motive sind nicht so sehr reale politische Verfolgung, sondern schlechte wirtschaftliche Verhältnisse in den Herkunftsländern (...) Lieber ein Jahr Sozialhilfe in Deutschland (!), als ein mickriges Gehalt, aber dafür Arbeit in Ghana und sonst wo."[40]

„Hunger? Aha! Also Wirtschaftsflüchtling!!"

Mester

Wer so viel Energie aufwendet, ist vermutlich nicht mehr zu belehren. Aber andere lassen sich vielleicht überzeugen, und zwar mit den folgenden Argumenten:

- Mindestens 20 Millionen Menschen befinden sich derzeit auf der Flucht, weil in ihren Heimatländern Krieg oder politische Repression herrschen.[41]
- Nach dem Ende des Kalten Krieges haben die Konflikte

in der Welt nicht abgenommen: „Die Zahl größerer Konflikte – mit ethnischem, religiösem, politischem oder separatistischem Hintergrund (...) lag (...) (mit 59) immer noch deutlich höher als während des Kalten Krieges (mit durchschnittlich 35 größeren Konflikten pro Jahr).“[42]

- In der Mehrzahl der Länder der Welt kommen Folterungen und Misshandlungen von Menschen durch Sicherheitskräfte oder Polizisten vor. Im Jahr 2004 war das nach amnesty international in 104 von 149 Ländern der Fall.[43] Es gibt also genügend Gründe zur politisch motivierten Flucht.
- Deutschland nimmt zwar viele Flüchtlinge auf, aber andere Länder wie Pakistan oder der Iran haben erheblich höhere Aufnahmezahlen. Kleinere, arme Staaten wie Tansania, Guinea oder der Sudan haben einen deutlich höheren prozentualen Anteil von Flüchtlingen in der Gesamtbevölkerung als Deutschland (ein Vergleich: Guinea 5,85%, Deutschland: 1,10%).[44]
- Leicht ist es schon lange nicht mehr, als Flüchtling nach Deutschland zu kommen: „Die EU hat den Begriff ‚sicheres Drittland‘ erfunden, um Hilfe suchende Asylbewerber

T. Plaßmann

bereits an der Grenze abweisen zu können. Wer auf seinem Fluchtweg ein solches ‚sicheres Land' durchquert hat, hat in der Union keinen Anspruch auf Asyl. In (...) Deutschland (...) genießt Asylrecht nur, wer staatliche Verfolgung geltend machen kann."[45]

- Ein paar Zahlen: Von Januar bis Oktober 2004 ist die Anzahl der Asylanträge im Vergleich zum gleichen Zeitraum des Vorjahres um 30,3% gesunken. Im Oktober 2004 hatten beim Bundesamt für die Annerkennung ausländischer Flüchtlinge 2.898 Personen Asyl beantragt. In diesem Monat hatte das Amt über die Anträge von 4.555 Personen zu entscheiden; als Asylberechtigte anerkannt wurden 58 Personen (1,3%), abgelehnt wurden die Anträge von 2.747 Personen (61,6%). Die übrigen Anträge wurden zum größten Teil dadurch erledigt, dass sie zurückgenommen wurden. Damit die äußerst geringe Zahl der Anerkennungen nicht wie ein Einzelfall aussieht, noch ein Vergleich: Von Januar bis Oktober 2004 hatte das Bundsamt 53.281 Entscheidungen getroffen; 839 Personen (1,6%) wurden als Asylberechtigte anerkannt.[46] Die Tendenz scheint weiter zu sinken: Im Juli 2005 wurden nur noch 2.150 Erstanträge auf Asyl gestellt. Nur 34 Personen (0,9%) wurde im selben Monat der Status des Asylberechtigten zuerkannt.[47] Mit diesen Zahlen wird deutlich, dass es überhaupt nicht leicht ist, in Deutschland Asyl zu bekommen. Der Rückgang der Anerkennung ist ein Beleg dafür, dass die Aufnahmekriterien enger gezogen werden. Er ist aber kein Beweis dafür, das bei den Abgewiesenen keine echte Not vorliegt.
- Es stimmt, dass die meisten Flüchtlinge aus wirtschaftlichen Gründe abgewandert sind[48], aber sind nicht auch humanitäre Katastrophen gewichtige Anlässe, Menschen eine sichere Zukunft zu bieten? Hinzu kommt, dass bei einem Großteil des sozialen Elends die Industrieländer ursächlich mitbeteiligt sind.

8.2.6 „Ihre Armut haben die Entwicklungsländer selbst verschuldet“

Dieser Spruch ist eng mit dem vorausgegangenen verknüpft. Die Gegenargumente fließen also ineinander über. Es sei noch einmal daran erinnert, dass so gut wie alle Parolen eine enge Verknüpfung miteinander haben. Hinter allen steht die Mega- und Meta-Behauptung, sozusagen die Superparole: „Wir sind gut, die anderen schlecht.“ Zu einzelnen Fakten:

- Die Armut in den sogenannten Entwicklungsländern ist unbestreitbar: „Nach Angaben der Welternährungsorganisation FAO litten 2001 weltweit über 800 Millionen Menschen an Unterernährung, jeder Vierte in Afrika, fast jeder Vierte in Asien und jeder Siebte in Lateinamerika.“[49] Von den sechs Milliarden Menschen auf der Erde müssen 1,2 Milliarden mit weniger als einem Dollar am Tag auskommen.[50]
- Die durchschnittliche Lebenserwartung der Menschen in den ärmsten Ländern liegt bei 51,9 Jahren, in den westlichen Industrieländern (den OECD-Staaten) bei 76,4 Jahren.[51] Diese krasse Ungleichheit der Lebenschancen haben mit Sicherheit nicht die einen „selbst verschuldet“, die anderen hingegen sich „selbst erarbeitet“.

Andreas Locher

- Es gibt Ungleichheiten, die eine eigene und weiter schreitende Dynamik haben. „In den vergangenen 180 Jahren konnten die Länder, in denen das reichste Fünftel der Weltbevölkerung lebt, ihren Anteil am Welt-Bruttoinlandsprodukt beständig vergrößern. Der Abstand zwischen den Reichsten und den Ärmsten hat sich immer mehr vergrößert – von 3:1 im Jahre 1820 bis zu 74:1 im Jahre 1997.“[52] Wo Reichtum ist, kommt weiterer Reichtum hinzu.
- Nicht nur auf Staaten, sondern auch auf die einzelnen Menschen bezogen ist die Schere zwischen Arm und Reich riesengroß: „Die Einkünfte der reichsten 50 Millionen Menschen (1 Prozent der Weltbevölkerung) entsprechen dem gemeinsamen Einkommen der ärmsten 2,7 Milliarden Menschen. (...) Die Bezüge eines Spitzenmanagers in einem großen multinationalen Konzern entsprechen dem Lohn von Zehntausenden ungelernter Arbeiter, die derselbe Konzern in armen Ländern beschäftigt.“[53]
- Die Schulden der Entwicklungsländer wachsen. Die Rückzahlung der Kredite verschlingt einen großen Anteil der staatlichen Budgets. Sie zahlen an Zins und Tilgung mehr zurück, als sie an neuen Krediten bekommen: Zwischen 1985 und 2001 betrug „die Differenz zwischen Rückzahlungen und den neu aufgenommenen Darlehen (...) insgesamt 386 Milliarden Dollar.“[54] Dieses Geld fließt zusätzlich in die Kassen der Gläubiger, die armen Staaten sitzen in einer „Schuldenfalle.“[55] In einigen Ländern erreicht die Schuldenquote exorbitante Größen. Diese wird berechnet, indem die jährlichen Exporteinnahmen in Beziehung zu den Gesamtschulden gesetzt werden. So gesehen ist am meisten Sierra Leone überschuldet, mit 1157%. Aber auch ein Schwellenland wie Brasilien ist mit 380% überschuldet.[56] Wer sich gegen „Wirtschaftsflüchtlinge“ sperrt, muss auf diesen Zusammenhang hingewiesen werden und über Möglichkeiten der Entschuldung der Entwicklungsländer nachdenken.

- Die Kredite für die Entwicklungsländer werden von den Banken der Industrieländer gegeben. Diese nehmen wiederum Einfluss auf die Geschäftspolitik der Industrie- und Handelsunternehmen dieser Länder, und zwar in der Erwartung möglichst hoher Gewinne durch die Zinsen.
- Der Insider *Joseph E. Stiglitz*, früherer Weltbank-Vizepräsident und Nobelpreisträger des Jahres 2001, beschreibt detailliert, wie der Internationale Währungsfonds (IWF) und die Weltbank „zu dominanten Akteuren der Weltwirtschaft geworden (sind). (...) Ihren wirtschaftspolitischen Weisungen, (...) in denen sich ihre Ideologie der freien Marktwirtschaft widerspiegelt", müssen die Entwicklungsländer folgen, wollen sie einen Zugang zu den internationalen Kapitalmärkten erhalten. IWF und Weltbank „haben dadurch viele Menschen in Armut und viele Staaten ins soziale und politische Chaos gestürzt".[57]
- Die Entwicklungsländer sind von ihren Rohstoffen abhängig. Deren Preise sinken, und zwar kontinuierlich. Von 1970 zu 1990 kam es beim Kaffee zu einem Preisverfall von 58%, beim Kakao betrug er 67%, Baumwolle: 52%, Kupfer: 68%[58]. Die Preise gehen weiter abwärts.[59] Die Profiteure sitzen in den Industrieländern: Beispielsweise musste ein durchschnittlicher Arbeitnehmer in Deutschland für 500g Kaffee im Jahr 1949 22 Stunden arbeiten, 1958 waren es noch 4 Stunden, 1998 aber lediglich 22 Minuten.[60] Der Verfall der Rohstoffpreise und die drastische Verschlechterung der Terms of Trade (Handelsbedingungen = die relative Preisentwicklung zwischen Exporten und Importen) sind die wichtigsten externen Krisenursachen.
- Die Industrieländer schirmen ihre Märkte, vor allem im Agrarbereich, ab. Das geschieht einmal durch Exportsubventionen einheimischer Produkte. Dadurch wird z.B. der aus einheimischen Zückerrüben gewonnene Zucker auf dem Weltmarkt billiger als der aus Übersee kommende Zucker aus Zuckerrohr, obwohl dessen Produktionskosten

wesentlich geringer sind.[61] Zu den protektionistischen Maßnahmen gehören zum anderen auch Importbeschränkungen durch Zölle, Quoten oder Kontingentierungen. Das sind „Handelshemmnisse, die entsprechende Importe aus den Entwicklungsländern massiv behindern".[62]

8.2.7 „Die meisten Deutschen wussten nichts von der Judenvernichtung"

Aus einer anderen Ecke kommt diese Parole. Mit ihr äußert sich die Absicht, die Gräuel des nationalsozialistischen Deutschland zu relativieren. Verantwortlich sei letztendlich nur die Clique der Nazis gewesen – die Deutschen in ihrer überwiegenden Mehrzahl wussten aber nichts.[63] Eine Diskussion über diese Behauptung hat oft sehr emotionale Züge; aber an den gut begründeten Gegenargumenten und klaren Fakten kommen auch hartnäckige „Verneiner" nicht vorbei:

„Mutti, wo fahren die vielen Leute denn hin?" „Aufs Land."
Zeichung: Kurt Halbritter

- Die Boykotte jüdischer Geschäfte (1933), die Versetzung von jüdischen Beamten und Richtern in den Ruhestand (1933), die Aktion „Juden unerwünscht" und die Beschlüsse von Gemeinderäten, ihre Gemeinden „judenfrei" zu machen (1935), die Nürnberger Gesetze (1935), nach denen „Eheschließungen zwischen Juden und Staatsangehörigen deutschen oder artverwandten Blutes" verboten wurden, die Berufsverbote für Ärzte und Rechtsanwälte (1938), die „Reichskristallnacht" (1938), in der Juden verhöhnt, misshandelt und ermordet und 191 Synagogen niedergebrannt wurden, die Einführung des Judensterns (1941) und andere Gewaltaktionen gegen die Juden waren offenkndig.
- In den Massenmedien und auf Plakaten wurde antisemitische Propaganda verbreitet.
- *Victor Klemperer* (1881 – 1960) hat in seinem Tagebuch am 2. Juni 1942 beschrieben, welchen Quälereien die Juden im Alltag ausgesetzt waren:

Quälende Verordnungen für Juden

„Der Würger wird immer enger gezogen, die Zermürbung mit immer neuen Schikanen betrieben. Was ist in diesen letzten Jahren alles an Großem und Kleinem zusammengekommen! Und der kleine Nadelstich ist manchmal quälender als der Keulenschlag. Ich stelle einmal die Verordnungen zusammen: 1) Nach acht oder neun Uhr abends zu Hause sein. Kontrolle! 2) Aus dem eigenen Haus vertrieben. 3) Radioverbot, Telefonverbot. 4) Theater-, Kino-, Konzert-, Museumsverbot. 5) Verbot, Zeitschriften zu abonnieren oder zu kaufen. 6) Verbot zu fahren (dreiphasig): a) Autobusse verboten, nur Vorderperron der Tram erlaubt, b) alles Fahren verboten, außer zur Arbeit, c) auch zur Arbeit zu Fuß, sofern man nicht 7 km entfernt wohnt oder krank ist (aber um ein Krankheitsattest wird schwer gekämpft). Natürlich auch Verbot der Autodroschke. 7) Verbot, ‚Mangelware' zu kaufen. 8) Verbot, Zigarren zu kaufen oder irgendwelche Rauchstoffe. 9) Verbot, Blumen zu kaufen. 10) Entziehung der *Milch*karte. 11) Verbot, zum Barbier zu gehen. 12) Jede Art Handwerker nur nach Antrag bei der Gemeinde bestellbar. 13) Zwangsablieferung von Schreibmaschinen, 14) von Pelzen und Wolldecken, 15) von Fahrrädern – zur Arbeit darf geradelt werden (Sonntagsausflug

> und Besuch zu Rad verboten), 16) von Liegestühlen, 17) von Hunden, Katzen, Vögeln. 18) Verbot, die Bannmeile Dresdens zu verlassen, 19) den Bahnhof zu betreten, 20) das Ministeriumsufer, die Parks zu betreten, 21) die Bürgerwiese und die Randstraßen des Großen Gartens (...) zu benutzen. (...) Auch das Betreten der Markthallen seit vorgestern verboten. 22) Seit dem 19. September der *Judenstern*. 23) Verbot, Vorräte an Esswaren im Haus zu haben. (Gestapo nimmt auch mit, was auf Marken gekauft ist.) 24) Verbot der Leihbibliotheken. 25) Durch den Stern sind uns alle Restaurants verschlossen. (...) 26) Keine Kleiderkarte. 27) Keine Fischkarte. 28) Keine Sonderzuteilung wie Kaffee, Schokolade, Obst, Kondensmilch. 29) Die Sondersteuern. 30) Die ständig verengte Freigrenze. Meine zuerst 600, dann 320, jetzt 185 Mark. 31) Einkaufsbeschränkung auf *eine* Stunde (drei bis vier, Sonnabend zwölf bis eins). Ich glaube, diese 31 Punkte sind alles. Sie sind aber alle zusammen gar nichts gegen die ständige Gefahr der Haussuchung, der Misshandlung, des Gefängnisses, Konzentrationslagers und gewaltsamen Todes."[64]

Das alles haben die nichtjüdischen „Volksgenossen" gewusst, gesehen, miterlebt, Zuwiderhandlungen haben sie angezeigt und geahndet.

- In den Schulen wurden Juden gedemütigt. Jüdische Mitschüler mussten sich mit gesenkten Köpfen vor die Tafel stellen, auf der geschrieben stand: „Der Jude ist unser größter Feind! Hütet euch vor den Juden!"[65]
- Im Deutschunterricht wurde das Buch „Der Giftpilz" gelesen. Darin stand: „Die Juden sind schlechte Menschen. Sie sind wie Giftpilze. Und wie Giftpilze oft schwer von den guten Pilzen zu unterscheiden sind, so ist es oft schwer, die Juden als Gauner und Verbrecher zu erkennen. Wie die Giftpilze in den verschiedensten Farben auftreten, so verstehen es auch die Juden, sich unkenntlich zu machen, indem sie die verschiedensten Gestalten annehmen."[66]
- Soldaten berichteten im Urlaub von dem, was sie in Polen und Russland erlebt und gesehen hatten.[67] SS-Leute, Wehrmachtsangehörige, Mitglieder der Gestapo und der Einsatzgruppen fotografierten verbotenerweise Demü-

tigungen von Juden, Exekutionen, Massengräber und Deportationen – für die persönliche Erinnerung.[68]

- Zahlreiche Zivilisten (Verwaltungsbeamte, Polizisten, Eisenbahner u.a.) waren an den Deportationen beteiligt. Sie konnten zumindest ahnen, dass es sich bei den Judentransporten nicht um „Umsiedlungsmaßnahmen" handelte. Die Bewohner der umliegenden Städte und Dörfer bekamen mit, was in den nahe gelegenen Konzentrationslagern geschah. Was sie hörten, sahen und rochen, sprach sich herum: „In Auschwitz mit seiner bedeutenden Industrie ging ein steter Strom von hin- und herreisenden Konzernangestellten, Ingenieuren, Bauarbeitern und anderem Personal ein und aus; sie alle waren aufs beste geeignet, Gerüchte bis in die fernsten Winkel des Reiches zu tragen. Zudem lebten in der Umgebung von Auschwitz zahlreiche Deutsche, die das Vernichtungslager ständig vor Augen hatten. Ein Eisenbahner bemerkte angesichts der Zäune und Wachposten von Auschwitz I auf der einen und Auschwitz II auf der anderen Seite der Schiene, nun sei man ‚mitten drin'.
  Ein anderer Eisenbahner bemerkte den süßlichen Geruch und die bläuliche Farbe seiner Fenster. Selbst aus größeren Entfernungen wurden die Tötungen beobachtet. Aus der Richtung Kattowitz sah man das Feuer von Auschwitz noch 20 km weiter. Die deutschen Einwohner der Gegend sprachen oft über den Vernichtungsvorgang und die Verbrennungen, und manche erwähnten diese Beobachtungen in Briefwechseln mit ihren Kollegen."[69]
- Die Transporte wurde gegen Bezahlung von der Reichsbahn durchgeführt.[70] Das, was die über fünf Millionen Juden auf diesen Todesfahrten erlebten, war grausam und für das Personal in der Organisation, beim Transport oder in den Bahnhöfen ersichtlich. Fest steht, dass bei der Bahn „niemand vom Amt zurücktrat und kaum jemand um seine Versetzung ersuchte. In keinem Dienstrang wird Zögern

erkennbar, die Leistungsanspannung litt unter keinerlei Ermüdungserscheinungen. Man muss (...) betonen, dass es sich bei den Beteiligten nicht um eine Sondergruppe von ‚Funktionären' handelte, die eigens für diese Aufgabe bestimmt waren. Die Bearbeiter waren jeweils Verkehrs- und Fahrplanexperten, nicht Experten in Sachen Juden."[71] Die Reichsbahn zog auch noch ihren Nutzen aus dem konfiszierten Besitz der Juden, beispielsweise indem sie 1.576 Wagenladungen mit Möbeln für ihr ausgebombtes Personal übernahm.[72]

8.2.8 „Im Nationalsozialismus konnte man wenigstens ohne Angst auf die Straßen gehen"

Auch das ist eine häufig aufkommende Meinung, mit der der Nationalsozialismus in ein positives Licht gesetzt, verharmlost und letztendlich auch glorifiziert wird. Die Verbrechensstatistik zeigt zwar für die Zeit des NS-Regimes insgesamt einen rückläufigen Trend auf,[73] aber der Folgerung daraus kann doch einiges entgegengesetzt werden:

- Auch im Nationalsozialismus gab es weiterhin eine beträchtliche Zahl von Verbrechen und Verurteilungen: 1935 kam es zu 431.426 Verurteilungen, 1937 waren es 438.493, davon 410 wegen Mord und Totschlag, 2.238 wegen fahrlässiger Tötung, 26.977 wegen Körperverletzungen und 12.123 wegen schweren Diebstahls.[74]
- Diese Zahlen sagen aber noch nichts aus über das genaue Ausmaß der Verbrechen, denn: „Zum einen wurden Mordverdächtige oder angeblich notorische Straftäter von der Gestapo direkt in KZs eingewiesen und tauchten daher nicht mehr in der Statistik auf, zum anderen boten die Gliederungen der Partei Notkriminellen Betätigung und Einkommen. (...) Außerdem konnten beispielsweise Sadisten ihre Neigungen als Mitglieder der KZ-Mannschaften mit höchster Billigung ausleben."[75] Zudem waren die

„Aber eines können Sie mir glauben: Meine Mutter konnte damals unbehelligt durch die Anlagen unserer Stadt gehen – sogar nachts."
Zeichnung: Kurt Halbritter

Urteile der immer bedeutender werdenden Militär- und Sondergerichte nicht mehr in der zivilen Kriminalitätsstatistik enthalten.[76]

- Einige Verbrecher verschwanden zwar von den Straßen. Dem steht aber entgegen, dass die größten Verbrechen ungehindert von den Partei- bzw. Staatsorganen wie SS, SA und Gestapo begangen wurden.
- Und als dann der von den Deutschen angezettelte Krieg begann, konnte man wegen der einsetzenden Bombardierungen sich überhaupt nicht mehr sicher auf den Straßen bewegen.

Anmerkungen

1 Bertolt Brecht: Leben des Galilei, 8. Aufl., Berlin 1968, S. 34

2 Josef Kopperschmidt: Argumentationstheorie. Eine Einführung, Hamburg 2000, S. 101f.

3 Hubert Schleichert: Wie man mit Fundamentalisten diskutiert, ohne den Verstand zu verlieren. Anleitung zum subversiven Denken, München 1997, S. 14

4 Ebd., S. 63

5 Garton Ash, zit. nach: Ralf Dahrendorf: Der moderne soziale Konflikt, Stuttgart 1992, S. 70

6 Schleichert, a.a.O., S. 114

7 Rechte Parole nicht strafbar, in: Frankfurter Rundschau, 29.7.2005, S. 1

8 Allport, a.a.O., S. 469

9 Ebd., S. 470

10 Wolfgang Leidhold: Wissensgesellschaft, in: Korte, Karl-Rudolf/Weidenfeld, Werner (Hrsg.): Deutschland-Trendbuch. Fakten und Orientierungen, Opladen 2001, S. 436

11 Georg Franck: Ökonomie der Aufmerksamkeit, München u. Wien 1998, S. 49

12 Ahlheim/Heger, a.a.O., S. 59

13 AID. Integration in Deutschland 2/2005, S. 13

14 Klaus J. Bade/Jochem Oltmer: Normalfall Migration, Bonn 2004, S. 102

15 Arbeitslosigkeit und Sozialhilfebezug, in: AID. Integration in Deutschland 3/2004, a.a.O.

16 Ausländerfeindlichkeit. Argumente gegen rechts, in: iwd. Informationsdienst des Instituts der deutschen Wirtschaft 4/2000, S. 8

17 Ullrich Heilemann/Hans Dietrich von Loeffelholz: Ökonomische und fiskalische Implikationen der Zuwanderung nach Deutschland, hrsg. vom Rheinisch-Westfälischen Institut der deutschen Wirtschaft, RWI-Papiere, Nr. 52, Essen 1998, S. 17

18 Wolfgang Benz: Argumente gegen rechtsextreme Vorurteile, in: Informationen zur politischen Bildung, hrsg. von der Bundeszentrale für politische Bildung Nr. 271/2001, Supplement, S. 11

19 Christian Tenbrock: Zwischen Western und Walachei, in: Die Zeit 32/2005, S. 19

20 Siehe Siegfried Pater: Spielverderber. Das Geschäft mit dem Kinderspielzeug, Bonn 2002

21 Jonas Lanig/Marion Schweizer: „Die Ausländer nehmen uns die Arbeitsplätze weg". Rechtsradikale Propaganda und wie man sie widerlegt, Mülheim an der Ruhr 2003, S. 18

22 AID. Integration in Deutschland 1/2005, S. 20

23 http.//www.drehscheibe.org/leitfaden-artikel.html?LeitfadenID=218-48k

24 Heilemann/von Loeffelholz, a.a.O., S. 12f.

25 Benz, a.a.O., S. 11

26 Lanig/Schweizer, a.a.O., S. 18

27 Benz, a.a.O., S. 11
28 Rainer Münz: Republik der Kinderlosen, in: Die Zeit 23/2000, S. 4
29 Inder statt Kinder, in: Frankfurter Rundschau, 4.4.2000, S. 4
30 Carl Zuckmayer: Des Teufels General, Frankfurt/M. 1963, S. 65
31 Ausländer in der Statistik, in: Frankfurter Rundschau, 11.6.2005, S. 2
32 siehe Rainer Geißler: Das gefährliche Gerücht von der hohen Ausländerkriminalität, in: Aus Politik und Zeitgeschichte 35/1995, S. 30-39
33 Lanig/Schweizer, a.a.O., S. 113
34 Benz, a.a.O., S. 3
35 Bericht der Beauftragten der Bundesregierung für Migration, Flüchtlinge und Integration über die Lage der Ausländerinnen und Ausländer in Deutschland, Berlin 2005, S. 281
36 Benz, a.a.O., S. 3
37 Bericht der Beauftragten, a.a.O., S. 280
38 Jugendkriminalität in Nordrhein-Westfalen, hrsg. vom Landeskriminalamt NRW, 8. überarb. Aufl., Düsseldorf u. Köln 1999, S. 11
39 Bericht der Beauftragten, a.a.O., S. 285
40 http:www.inkultura-online.de/asylarb.htm
41 LE MONDE dipolmatique. Atlas der Globalisierung, Berlin 2003, S. 90
42 Ebd., S. 84
43 Jahresbericht 2005 von amnesty international, in: http://www2.amnesty.de/internet/deall.nsf/windexde/PR2005032
44 Bundesministerium für wirtschaftliche Zusammenarbeit und Entwicklung (Hrsg.): Materialien Entwicklungspolitik im Schaubild, 4. Aufl., Bonn 2002, Schaubild 11c
45 Ebd., S. 90
46 Pressemitteilung des Bundesministeriums des Inneren, Berlin, 11.11.2004
47 Immer weniger Asylanträge, in: Frankfurter Rundschau, 12.8.2005, S. 4
48 LE MONDE, a.a.O., S. 54
49 LE MONDE, a.a.O., S. 49
50 Welthaus Bielefeld u.a. (Hrsg.): Atlas der Weltverwicklungen. Ein Schaubilderbuch über Armut, Wohlstand und Zukunft in der Einen Welt, Wuppertal 2000, S. 21
51 Ebd., S. 27
52 Ebd., S. 19
53 LE MONDE, a.a.O., S. 50
54 Ebd., S. 29
55 Ebd., S. 28
56 Welthaus Bielefeld, a.a.O., S. 91
57 Joseph E. Stiglitz: Die Schatten der Globalisierung, Berlin 2002, S. 33
58 Welthaus Bielefeld, a.a.O., S. 75
59 Ebd., S. 74 u. 78
60 Ebd., S. 76
61 Ebd., S. 80f.
62 Ebd., S. 83

63 Gegen die Behauptung „Das deutsche Volk wusste nichts vom Völkermord bzw. Holocaust“ gibt es gut begründeten Widerspruch in: Friedemann Bedürftig: Als Hitler die Atombombe baute. Lüge und Irrtümer über das Dritte Reich, München 2004, S. 143-147, und Markus Tiedemann: „In Auschwitz wurde niemand vergast“. 60 rechtsradikale Lügen und wie man sie widerlegt, Mühlheim an der Ruhr 1996, S. 159-167; siehe auch Legenden, Lügen, Vorurteile. Ein Wörterbuch zur Zeitgeschichte, hrsg. von Wolfgang Benz, 8. Aufl., München 1996, S. 112-114

64 Victor Klemperer: Tagebücher 1942, 3. Aufl., Berlin 1999, S. 107f.

65 Jochen Hering u.a.: Schüleralltag im Nationalsozialismus. Ein „Lesebuch“ für den Geschichtsunterricht, Dortmund 1984, S. 274

66 Ein Auszug aus diesem Buch findet sich in ebd., S. 264-266 (Zitat, S. 265)

67 Bedürftig, a.a.O., S. 145

68 Dieter Reifarth/Viktoria Schmidt-Linsenhoff: Die Kamera der Täter, in: Hannes Heer/Klaus Neumann (Hrsg.): Vernichtungskrieg. Verbrechen der Wehrmacht 1941 - 1944, 8. Aufl., Hamburg 1997, S. 475-503

69 Raul Hilberg: Die Vernichtung der europäischen Juden, Bd. 2, Frankfurt/M. 1990, S. 1032

70 Raul Hilberg: Sonderzüge nach Auschwitz, Frankfurt/M. u. Berlin 1987, S. 41ff.

71 Ebd., S. 91f.

72 Ebd., S. 91

73 Bedürftig, a.a.O., S. 161; Legenden, Lügen, Vorurteile, a.a.O., S. 132f.

74 Legenden, Lügen, Vorurteile, a.a.O., S. 133

75 Bedürftig, a.a.O.

76 Legenden, Lügen, Vorurteile, a.a.O., S. 134

9. Noch ein paar Worte zum Schluss

Was wissen wir nun am Ende über die Stammtischparolen? Zunächst einmal: Sie kommen vor wie das Böse, nämlich immer und überall.[1] Die Stammtischparolen sind nicht an den Platz gebunden, den der erste Teil des Wortes lokalisiert. Stammtischparolen können in allen Räumen, an allen Orten, an allen Theken, in allen Sälen, an allen Hecken auftauchen, an denen sich Menschen begegnen. Sie drücken so etwas wie ein kollektives Vorurteil einer Gesellschaft aus. Der intellektuelle Gehalt der Stammtischparolen ist sehr dürftig, ihre Dynamik ist aggressiv, ihre Tendenz diskriminierend, die Adressaten sind die Mitverschworenen, aber auch die Dabeisitzenden und Zuhörenden. Ihre Opfer werden – zunächst einmal nur verbal und indirekt – bedroht. Steigerungen sind möglich – nicht ohne Grund haben rechtsextreme Ideologien und Gruppen hier ihren Nährboden. Der Übergang zur unmittelbaren Gewalt gegen Personen, die anders denken, anders leben oder anders aussehen, ist belegbar.

Stammtischparolen überrumpeln und überfordern. Aber die Gründe für die Ohnmacht, die viele in der Konfrontation mit ihnen erleben, liegen außerhalb ihres Einflusses und ihrer Möglichkeiten. Auch brillante Rhetoriker, auch versierte, geschulte und belesene Experten (in Sachen Fremdenfeindlichkeit z.B.) können sprach- und ratlos sein, wenn plötzlich, unerwartet und unvermittelt einer der platten Sprüche geäußert wird. Will man darauf reagieren – und man sollte es! –, dann steht als nicht sichtbare, aber doch reale Wand die Lebensgeschichte des Gegenüber da, in der sich über die Jahre hinweg Vorurteile aufgebaut und gefestigt haben. Gegen diese kommt man in der plötzlich auftretenden Situation nicht an. Außerdem und erschwerend gibt es noch das Phänomen der kognitiven Dissonanz. Dieses sorgt dafür, dass gegenteilige Informationen – zunächst – abgewehrt werden. Über diese Voraussetzungen sollten sich alle klar werden, die die Auseinandersetzung aufnehmen.

Die „Botschaft" dieses Buches erscheint absurd, denn sie lautet: „Du hast wenig Chancen, daher nutze sie." Das ist aber nur vordergründig widersprüchlich. Denn die Einsicht in die sozialpsychologischen Gegebenheiten eines Menschen mit Vorurteilen entlastet auch von individuellen Allmachtsphantasien, Stress erzeugenden Selbstüberforderungen und persönlicher Resignation. „Ich" bin nicht schuld dran, dass der oder die andere von seiner/ihrer starren Haltung nicht abgewichen ist. Aber ich könnte verantwortlich dafür sein, wenn ich ihm oder ihr durch mein Schweigen ein offenes Forum geboten hätte.

Es gibt eine Reihe von Gründen, die eindeutig für die Reaktion und den Widerspruch zur Stammtischparole sprechen. Sie sind mehrfach genannt worden und sollen hier noch einmal zusammengefasst werden: Erstens ist es ein gutes Gefühl, den Mund aufgemacht und nicht schicksalsergeben dabei gesessen zu haben. Zweitens weiß man ja nie, ob nicht doch später, nach dem Gespräch, der von mir erzeugte Funke überspringt. Drittens gibt es die hier mehrfach erwähnten Unentschiedenen, Zuschauer, Indifferenten und Dabeisitzer. Diese können durch einen authentisch, also echt und entschlossen wirkenden Auftritt beeindruckt werden. Viertens haben wir ja wirkungsvolle Gesprächsstrategien kennen gelernt, mit denen man seinen Argumenten Aufmerksamkeit und Gehör verschaffen kann. Fünftens kann man sich auch zivilen Mut antrainieren – und zwar indem man ihn praktisch erprobt. Sechstens gehören die öffentlichen Plätze in diesem Land nicht denjenigen, die lautstark und mit autoritärer Selbstgerechtigkeit die Kultur einer liberalen Demokratie niedertrampeln. Demokratie muss immer wieder aufs Neue vertreten und verteidigt werden. Siebtens ist es ein Gebot der Humanität, Menschen in Schutz zu nehmen, die bedroht und bedrängt werden. Stammtischparolen fallen nicht sang- und klanglos in sich zusammen, sondern sie enthalten auch ein Gewaltpotenzial. Und achtens schließlich wird man ja – trotz mancher, auch hier zum Ausdruck gekommener Zweifel – noch weiter von der Kraft der Aufklärung und der Vernunft überzeugt sein dürfen – etwa so, wie es *Bertolt Brecht* geschrieben hat: „Die Verführung, die von einem Beweis ausgeht, ist zu groß. Ihr erliegen die meisten, auf Dauer alle. Das Denken gehört zu den größten Vergnügungen der menschlichen Rasse.“[2]

„Alle Menschen sind frei und gleich an Würde und Rechten geboren.“ (Allgemeine Erklärung der Menschenrechte)

Anmerkungen

1 Gerburg Treusch-Dieter (Hrsg.): Das Böse ist immer und überall, Berlin 1993

2 Brecht, a.a.O., S. 35

Personenregister

WOCHEN SCHAU VERLAG

Zivilcourage

Christina Zitzmann

Alltagshelden

Aktiv gegen Gewalt und Mobbing – für mehr Zivilcourage

Das große Praxishandbuch befasst sich mit der Frage, wie zivilcouragiertes Verhalten bei Jugendlichen gefördert werden kann. Alle Vorschläge sind ausgiebig erprobt und sorgfältig bewertet. Das Praxishandbuch „bietet allen, die in Schule und Jugendarbeit mit Gewalt und Mobbing konfrontiert werden, eine wissenschaftliche Grundlage, reichhaltige Materialien und viele Anregungen für die eigene Praxis" (landesjugendring baden-württemberg). Mit allem, was man braucht: viele Kopiervorlagen und Arbeitsmaterialien, die direkt einsetzbar sind, das Ganze im DIN-A-4-Format.

3-89974113-7, 240 S., € 24,80

Klaus-Peter Hufer

Argumentationstraining gegen Stammtischparolen

Materialien und Anleitungen für Bildungsarbeit und Selbstlernen.

Wem ist das nicht schon einmal begegnet? Starke Sprüche beim Familienfest, skandierte Parolen beim Fußball oder die Forderung nach der Einführung der Todesstrafe. Was kann man dazu sagen?

3-87920-054-8, 120 S., € 10,–

www.wochenschau-verlag.de

Adolf-Damaschke-Str. 10, 65824 Schwalbach/Ts., Tel.: 06196/86065, Fax: 06196/86060